ベトナム司法省駐在体験記

武藤司郎

信山社

ハノイの日本大使館にて
後列左より２人目が筆者、前列中央は故小渕首相

はしがき

二〇〇〇年四月にベトナムから帰国した後、マスコミの人や法律学者などから、ＪＩＣＡ（国際協力事業団）によるベトナム法整備支援の実情について、説明を求められることが多く、講演をしたり、取材を受けたりする機会がかなりあった。

取材や講演の際に、きまって出るのは、日本の法整備支援の実情について公表されている情報が非常に少ないために、法整備支援の実情を把握するのが大変困難であるという苦情である。また、法律学会やＪＩＣＡによる法整備支援の公聴会などにおいて、情報が正しく伝達されていないため、ベトナム法整備支援の実態が誤解されていることもよくあった。

ベトナム法整備支援は、政府開発援助（ＯＤＡ）で実行するソフト（政策）支援のパイロット・プロジェクトであると同時に、日本国民の税金によって運営されているのであるから、その実情をタックス・ペイヤーである日本国民に知ってもらい、その批判をあおぐ必要があろう。

そこで、ベトナム法整備支援の実情について、ベトナムや、日本の法整備支援に興味がある人に知ってもらうことを主眼として、本書を公にすることにしたものである。

本書を出版できたのは、日本経済新聞社の藤川忠宏論説委員から出版社の信山社を紹介していただいたおかげである。藤川氏は、ＪＩＣＡによるベトナム法整備支援の実行を後押しする論説を書かれ、私の赴任当初、ベトナム司法省から「週休五日」という素敵な提言を受けたときには、励ましのＦＡＸをベトナムまで送っていただいた。また、遅れがちな原稿の執筆を再三叱咤激励して、原稿を緻密に校正してくださった信山社の村岡侖衛氏がいなければ本書はとうてい出版に至らなかったであろう。この場をかりて、藤川氏、村岡氏にはお礼を申し上げたい。

また、海のものとも山のものとも知れないベトナム法整備支援のために、三年三ヶ月もの間ベトナムに駐在することができたのは、駐在中ずっと一緒にハノイにいてくれた妻純子、ベトナムに何度も様子を見に来てくれた父省司、日本の食材をベトナムまで何度も送ってくれた母昭子、一時帰国するたびに、名古屋空港まで自家用車を駆って送り迎えしてくれた義父、義母、妻純子の兄と妹という家族の支えのおかげである。

さらに、ベトナム赴任のきっかけを作ってくれた大阪、京都、名古屋の日本ベトナム友好法律家協会の先輩弁護士、ハノイで苦戦しているときに陣中見舞いに来てくれた日本弁護士連合会の国際交流委員会の弁護士や、帰国後の就職の心配をしてくれた司法修習生時代の教官弁護士など、先輩弁護士にも、この場をかりてお礼を申し上げたい。

二〇〇一年十一月三日　東京西荻窪の寓居にて

武藤　司郎

もくじ

もくじ

ベトナム司法省駐在体験記

はじめに

1　ベトナム法整備支援に参加した経緯

司法試験の受験勉強のおかげで、人より長く過ごした学生生活の終わりにバングラデッシュ経由でネパールに二ヶ月ほどトレッキングに行ったが、このときからすっかりモンスーンアジアの国々が好きになってしまい、多少の休暇がとれると、タイやネパールといったモンスーンアジア地帯の国々に足しげく通うようになっていた。

司法修習を終え、名古屋で弁護士登録してからは、それまでのように頻繁にモンスーンアジアの国々に行けなくなってしまったが、その当時、大阪と京都の弁護士が中心となって活動していた日越友好法律家協会という組織が、ベトナム法律家協会とタイアップして、ハノイや日本でベトナム投資法セミナーなどを企画・実行していたので、さっそくこれに入会した。なにしろ、ベトナムも私の大好きなモンスーンアジアの国であるし、すでに日本企業の投資が始まっていて今後急速に経済発展しそうなベトナムには、日本の弁護士としてこれに関与する機会がありそうな気配があった。

一九九四年に、この日越友好法律家協会がハノイでベトナム投資法セミナーを行うというので、早速これに参加をして、ハノイを訪れた。社会主義の国を訪れるのは、これが初めてであったが、ノイバイ空港から乗車したボルガやラダなどの旧ソ連製の車が走り、黄色いペンキで塗られ、黒く苔むしたフレンチビラが立ち並ぶ町並には、それまでに訪れたモンスーンアジアの国とは異なる独特の異国情緒があった。今思えば、これがベトナムに駐在するきっかけであったが、そのときは、数年後に自分がここに長期駐在し

日越法律家協会の表久守・中村誠弁護士
（JICA ベトナム事務所にて）

ようとは、夢にも思わなかった。

当時は、アジア通貨危機の直前で、アジアの経済成長は奇跡的と喧伝され、ベトナムのことを「史上最後の投資の楽園」などと書いた本まで出ていて、日本はベトナムブームの真っ最中であった。

ネパールもそうだが、私は一度好きになった国には、その国の言語を勉強して、同じ国に続けて行くいわばのめりこむ癖があるので、その後も、休みがとれるたびにベトナムを訪ねた。ただし、今度は、それまでのようなアジア気ままな一人旅と言うより、日越友好法律家協会を通じて知り合ったベトナムの法律家を訪ねたり、すでにベトナムに投資をしている日系企業を訪ねたりして、ベトナムの法令を調査・収集し、その運用の状況を聞いて回るというのがメインであった。

ベトナムには、インドやネパールのように、数千年の歴史を持つヒンドゥー教や仏教などの発祥の地である宗教的な聖地や、氷河を頂き、高山植物の咲き乱れる高い山があるわけではない。ベトナムでは、田舎に行けば行くほど、公安による外国人管理が厳しくなり、ふらっと立ち寄った民家に泊めてもらうというアジアならではの体験をすることが難しいし（外国人がベトナム人の家に宿泊する際は、地元の公安に報告しなければならない）、またタイやフィリピン的な甘い官能の世界に浸ろうと思っても、公安によるかなり厳しい風俗管理とベトナム人女性のアグレッシブな性格がこれを許さないので、バックパッカーとして放浪の旅をするには、あまり面白いところであるとは思わない。

しかし、ベトナムは、旧植民地時代のフランス法やロシアルーツの社会主義法というヨーロッパ大陸法を基礎に置きながら、これを自国に合うようにモディファイする一方で、外国投資法や、金融法、担保法という分野では英米法を継受しようとしており、日本が明治の建国から第二次世界大戦をへて、現在までに行ってきたことを行おうとしている点で、日本の法律家の観点からは無限の興味が湧く国であった。

こうして、ベトナムに続けて通ううちに、ベトナムの法律家の中に知人・友人ができたので、現地の言葉ができたほうがコミュニケーションがはかどって楽しい。そこで、名古屋に在住していた、高杉真由さんという旧南ベトナムから日本に留学して帰化した人のお宅に夜遅くお邪魔して、マンツーマンでベトナム語を習い、制定されたばかりのベトナム民法を原文で読む訓練をしていた。駆け出しの弁護士として、怒濤のように押し寄せる民事・商事や刑事事件を処理するため、裁判や、示談や、被疑者・被告人との接見で、あちこちを駆けずり回りながら、ベトナム語を勉強する時間をとるのは、なかなかしんどいことであったが、主観的には、未知の世界に分け入るのだという好奇心のために、疲れも感じなかった。当時は、まったく自分の興味のおもむくままにやっていたことであったが、今思うと、神の見えざる手に導かれて、自分では意識しないうちに、ベトナムに駐在するための準備をしていたような気がする。

一九九六年の二月の夜半のことであったと思う。それまで、ベトナム法関係の会合で何回か会ったこと

ベトナム料理の先生 Le さん
ソイガックという赤飯をつくっている

があり、面識のあった名古屋大学の鮎京《あいきょう》正訓教授から電話があった。鮎京教授は、日本で唯一ベトナム法（憲法・行政法）を専攻する学者である。「突然ですから、いやだったら断ってもらっても一向に構わないのですが、ベトナムに一年くらいの期間赴任するつもりはありませんか。日本政府がＯＤＡの予算を使って、ベトナム政府に法整備支援をすることになったのですが、そのために現地の司法省に駐在する法律家をだれか探しています。」というのが鮎京教授の電話の内容であったと記憶している。私は、急なことなので、びっくりしたが、鮎京教授の話を聞くにつれ、ここで断ったら一生ありそうにない話であるので、内心ではベトナムに赴任することに決めてしまった。

問題がなかったわけではない。当時私は名古屋で弁護士登録をして三年目であった。弁護士というのは、金融関係や商社勤めのサラリーマンや役人と違って、転勤をすることはあまりなく、海外留学は別として、海外に長期間赴任することはまずない職種であるので、名古屋に腰を落ち着けるつもりで、妻の実家のそば

（私の実家のそばでもある）にマンションをすでに購入してしまっていた。妻は、生まれ育って以来、大学を経て、銀行への就職まで名古屋だけで暮らし、私との新婚旅行で行ったオーストラリアが初めての海外旅行であるといういまどき珍しい海外とは縁のない人間である。この話をすれば、妻の家族が大変心配することは目に見えていた。当時、隣国のカンボジアは、フンセン派とラナリット派が対立し、内戦状態にあり、テレビのニュースではカンボジアで発生した銃撃戦のシーンや地雷の被害者の様子が毎日のように報道されて、日本人の駐在員の被害者も出ていた。私のベトナム行きの話を聞いて、このようなテレビのニュースを見た妻の家族は、隣国ベトナムでもこのような銃撃戦が生じ、今にも流れ弾が飛んでくるのではないかと心配していたようである。

ハノイ音楽院のピアノの先生のAnhさん一家と妻
——旧正月のテトの桃の花

電話があった日から数日後、妻にベトナムに行くかも知れないといったところ、そのときはあまりに急なことでわけがわからなかった妻が、夜、寝床で電気を消してから、ぽつりと「ベトナムには行きたくないな」と言ったとき、とても妻をかわいそうに思った。自分でもベトナムに行くことになったことに対してびっくりしているのに、妻の育った家庭環境からすれば、こう思うのが当然であろう。

しかし、私は不退転の決意で誰がなんと言おうとも、ベトナムに行くことに決めてしまった。後は、なるようになる。結局は、妻と一緒に赴任することになったが、三年三ヶ月の間、大病もせずに楽しく過ごせたのは、妻がベトナムに同行して、健康に気を配ってくれたおかげであると思う。ベトナム赴任当初は、不安で一杯であった妻も、ベトナムに滞在するうちに、ベトナム語の家庭教師として毎日のように訪問してくれた妹のようなＴａｍ《タム》ちゃん、姉のように慕っていたハノイ音楽院のピアノのＡｎｈ《アィン》先生、近くに住んでいるベトナム料理の先生のＬｅ《レー》さん、任期中ずっと働いてくれたお手伝いさんのＴｈｕ《トゥー》さん、そして日本人ビジネスマンと結婚したベトナム人女性のＴｈｕ《トゥー》さんなど、心から信頼できるベトナム人の友達に恵まれ、また、日本人の駐在員の奥さんの中に帰国後も付き合える友達もできて、帰国の際には、妻もベトナムとの別れを惜しむようになっていた。また、日本に帰国した後も、ベトナムにいる友達とｅ‐メイルの交換をし、これらの友達に会うために、ベトナムに再び遊びに行くようにもなっていった。

2　日本政府によるベトナム法整備支援の経緯

ここで、私が、参加した日本政府によるベトナム法整備支援の説明をしておきたい。一九九二年、ベトナムのグエン・ディン・ロック司法大臣が、当時の日本の法務大臣に対して、ベトナムの法整備に対する支援を求めたのが、日本政府によるベトナム法整備支援のきっかけである。当時ベトナムは、司法省を起草の主管官庁として民法の立法作業をしていたが、ＵＮＤＰ（United Nation Development Programme、国連開発計画）という多国籍ドナーやフランス、スウェーデン等欧米の国々はすでにベトナム民法制定に対する支援を開始していた。ロック司法大臣は、ベトナムと同じヨーロッパ大陸法系に属し、アジアの先

プロジェクト第２期の調印式
森島教授とロック司法大臣

進国である日本から、まだ支援がないのは大変遺憾であるとして、日本に対してベトナム法整備への支援を求めたものであった。

これに対して、当時の日本の法務省は、刑事法に関しては、国連が同省にその管理・運営を委託した国連極東アジア犯罪防止研究所を通じてアジアの刑事司法関係者の研修を行っていたが、民事・商事関係で国際司法協力をする体制ができていなかったので、この件を対外問題であるという理由で外務省に回付してしまった。他方、回付された外務省の方は、国際条約には詳しくても、国内法の民法に関する支援要請に対しては、自身で対応することが困難であり、ロック司法大臣からの支援要請に、日本国として対応するのは困難な状況にあった。

そのようなところ、当時名古屋大学の国際開発研究科の科長であった民法学者の森島昭夫教授がベトナム民法の制定に対する支援を引き受けた。これが現在の日本政府によるベトナム法整備支援のルーツである。

森島昭夫教授は、外務省の管轄下の国際交流基金の資金や、名古屋大学の資金を使用するなどして、一九九三年ころよりベトナムに数度渡航し、民法を起草している最中のベトナム司法省の幹部に対してセミナーを開催し、民法の草案に対して数度アドバイスをした。ベトナム側は、すでにＵＮＤＰ（国連開発計画）やフランス、スウェーデンなど、欧米系の法律家から民法の草案に対して意見を聞いていたが、他のドナーはベトナム側の草案に意見を述べるというより、自分たちの法制度を一方的に説明するという態度であった。森島昭夫教授は、ベトナム側が作った草案を英語に翻訳させ、これを読んだ後に、ベトナム側にアドバイスをしたという。このような手法は今ではあたりまえのように思える。しかし、民法のような大部の法律を英訳するには数十万から数百万円単位のお金がかかるので、予算のないベトナム側は外国の専門家に草案を見てもらう際に、英訳版を作ることができなかったのである。森島昭夫教授はこれをアドバイスする側の負担で行ったところ、ベトナム側の信頼を得て、現在のＪＩＣＡ*による法整備支援につながっている。

＊　ＪＩＣＡとは、外務省を主たる監督官庁とする特殊法人の国際協力事業団（英語でJapan International Cooperation Agency）のことをいい、政府開発援助（英語でofficial development assistance、略してＯＤＡと呼ばれる）を実施する機関である。英語の略称でＪＩＣＡと呼ぶ。

その後、道路、橋、港湾施設、空港、ダムというような物質的なインフラストラクチャーの建設に重点を置き過ぎているというＯＤＡ（政府開発援助）に対する批判を受け、日本の外務省は新たなタイプのＯＤＡである経済政策支援とか、法整備支援というソフト支援事業に乗り出そうとしていた。ここに、ベトナムからの支援の要請と支援する側の日本政府の思惑が合致することになったのである。ＯＤＡを実施するのは、ＪＩＣＡであるので、ベトナム法整備支援は、ＪＩＣＡによりＯＤＡの技術協力の一環として行われるようになった。こうして、ＪＩＣＡが、ベトナム政府に対する法整備支援の実施機関となり、その実施のための調査、合意書の締結の交渉、プロジェクトの評価などを、森島昭夫教授を団長とし、外務省、ＪＩＣＡ、法務省、法律学者（後に、日本弁護士連合会と最高裁判所）の代表者からなる日本政府調査団が行うという現在のベトナム法整備支援の原型ができあがった。

ベトナム法整備支援の第一期は、一九九六年の一一月から一九九九年一一月の三年間の期間で、ベトナム側のカウンターパートは、ベトナム司法省とされ、現在は、その後また三年にわたる第二期に入っている。

ＪＩＣＡによる技術協力の場合、発展途上国政府の機関にＪＩＣＡの専門家が駐在し、技術移転をするという形態をとるので、ベトナム法整備支援の場合も、相手側であるベトナム司法省に駐在して、技術移転の任務にあたる長期専門家が必要とされる。私は、このＪＩＣＡの長期専門家として、一九九六年一二月二四日から二〇〇〇年三月末日まで、三年三ヶ月の間、ベトナムの首都ハノイに駐在することになった。

ベトナム法整備支援は、民事・商事法等の市場経済関連法の整備を目的とし、①長期専門家による越側の立法に関する日常的な助言や日本法に関する講義、②個別の法律に対する、学者と実務家からなる短期専門家による現地セミナーの開催、③日本におけるベトナム人の研修、④ベトナム民事法の施行状況を調べる社会調査、⑤コンピューター等の機材供与からなっていた。

第一章　ベトナムでの業務編

一　ベトナムに赴任して

1　週休五日？

ベトナムへの赴任は、一九九六年一二月二四日のクリスマスイヴであった。妻は、どうせクリスマスイブに行くなら、ハノイじゃなくて、ハワイがいいわと半ば諦めながら言った。

ハノイに着任早々、司法省の担当局長から呼び出しがかかった。通常であれば、歓迎の言葉でももらうのであろうが、私の場合は違った。担当局長は、気の毒そうな顔をしながらも、「ベトナム司法省は、司法省に長期に駐在する専門家は必要としていない。したがって、あなたは毎日役所に来てもらっては困る。日本で週に五日勤務するのであれば、司法省にはその半分の二日ないし三日しか来てはならず、その余はＪＩＣＡの事務所で勤務して欲しい」と言う。赴任早々こんなことをいわれたのでは、通常なら、頭に来て、さっさと日本に帰ってしまうところであろう。私は、企業や役所の業務命令で赴任したわけではないので、来るなといわれて、ここにいる義理はないのだから。

しかし、私は、赴任直前の一九九六年の三月に、ベトナム法整備支援プロジェクトに関する日越間の合意文書を締結するため、ベトナム司法省を訪れた日本政府調査団に同行しており、その際に司法省側が同じことを主張していたので、ベトナム側がお得意の交渉におけるタフさを発揮して、また同じ論点を蒸し返してきたなと思った。一九九六年の一月に、このプロジェクトの予備交渉のため、森島昭夫教授を団長とする日本政府調査団がベトナム司法省を訪れた際には、ベトナム司法省側は日本側の長期専門家を受け入れることに何ら難色を示さなかったのに、その約二ヶ月後に、私が赴任前の顔みせという形で日本政府調査団に同行したところ、司法省側は、「司法省は長期専門家を必要としていない。仮に長期専門家が来たとしても、司法省に常駐してもらっては困る」、「ベトナム側が法律を作成するので、法案に対するアドバイスという言葉は不適当であり、意見の交換というべき」と強い調子で繰り返していた。

司法省が当初、長期専門家の受け入れを拒否した理由は明らかではない。一九九四年からＵＮＤＰ（国連開発計画）の専門家としてアメリカ人の弁護士が司法省に「resident adviser」という資格で赴任したところ、ベトナム政府内から、外国人の法律家を受け入れて立法に関してアドバイスを受けることは、平和裏に社会主義を破壊することにつながるという批判があがったので、これ以上、長期に駐在するアドバイザーという資格で外国の専門家を受け入れられなくなったということが言われている。

ただ、日本側としては、法整備支援プロジェクトを本格的に推進してゆくために、現地に日本人法律専門家を駐在させておくことが不可欠である。森島昭夫教授と司法省側との、数日間に及ぶ膝詰のハードな交渉の結果、結局、日本人の長期専門家は、「legal expert for coordination」（調整のための法律専門家）という玉虫色の名称にして受け入れるということで決着がついた。これは、日本側にすれば、「legal expert」であるので、ＪＩＣＡの長期専門家として受け入れられたと解釈できるし、ベトナム司法省側としては、このような形式をとることで、他のベトナム政府機関から批判があがったとき、ＵＮＤＰ（国連開発計画）から派遣されている弁護士のような「resident adviser」ではないという理由で、役所内に常駐する外国人の専門家によるアドバイスを受けて、平和裏に社会主義を破壊しようとする外国の策略に荷担するものであるという批判をかわすことができるというものであった。

以上のような経緯から、私が赴任してから司法省側が、「長期専門家は必要としていない」と言ったとき、また同じ論点を蒸し返してきたなと思った。思えば、これがその後何度も経験することになる、一旦合意したことに関するタフな議論（自分たちの不利な点について）の蒸し返しの始まりであった。

私は、「日本の弁護士には定休日はなく、事件処理のために必要であれば、土、日、祝祭日でも働くので、日本で週に何日働くかと言われれば、毎日である。したがって、一週間を二で割っても、三で割っても、必要なときには、いつでも司法省に出向く。長期専門家の駐在の件は、すでに一九九六年三月の両国政府間の協議で決着済みの問題であるはずで、いまさら蒸し返すのには同意できない。この件を日本側に伝えるので、来月にも来訪する予定の日本政府の調査団と再度協議してもらいたい」と伝えた。

私は、赴任前の日越間の交渉の経緯から、このような事態になることはある程度予想はしていた。というのは、もともと法律を作るというのは、主権の行使そのものであり、法整備支援というのは、〝持たざる側〟の国の主権行使の過程に、ただでさえ政治的・経済的に影響力を行使できる〝もてる側〟の国の外国人が割り込んでゆくのであるから、ベトナムのように、外国から侵略され続けた国が、現地に駐在する外国人専門家を警戒するのは、当然だからである。

しかし、家族を説得し、職場もやめて、それなりのリスクを冒し、海のものとも山のものとも知れないベトナム法整備支援に飛び込んだのに、着任早々受け入れ側から面と向かって「司法省に駐在する長期専門家は必要ない」とか、「週に二回以上くるな」といわれるとさすがに気分はよくない。早速、日本側でお世話になった人達に、赴任早々役所にくるなといわれましたと現状報告をしたが、みんな始めはそんなものなので、あせらずやりなさいと励ましてくれた。

司法省オフィスに陣中見舞いに来た
名古屋の先輩弁護士たちと

2　村社会への入会

こうして、必要なときにはいつでも司法省に出向くとたんかは切って見せたものの、司法省には週に二回しか来るなといわれている以上、無理に司法省に行っても、警戒されるだけで、メリットがないので、当分は週に二回のみ出勤し、後は、面識のあったベトナム人の弁護士や法律学者を訪ねてベトナム法に関する情報収集をしたり、現地に進出した日本企業を訪ねて、ベトナムで企業活動をする上での法律上の問題点を聞いたりして過ごしていた。

そんなとき、日本から、大阪の表久盛弁護士、京都の中村誠弁護士、名古屋の青山學弁護士ら旧知の日越友好法律家協会の先輩弁護士らが、首相府に所属する社会・人文委員会（中央省に相当）の下にある「国家と法研究所」で、日越比較民法のセミナーを行うためにハノイに来訪したので、私もこのセミナーに参加した。

ところが、その次の日、司法省からまた呼び出しがかかった。司法省のオフィスに行くと司法省の担当職員達は、私をなじるような目で見ている。司法省のほうは、なぜ「国家と法研究所」でセミナーを行い、司法省でそれを行わなかったのかと批判してきた。私としては、そちらが週に二回しか司法省に来るなというので、その余の時間に他の機関に出向いているのであって、いまさら何を言うかと思った。そんなことを言っていたら、司法省にも、他のベトナムの機関にもどこにも行けないことになってしまうではないか。そもそもこのセミナーは民間の弁護士有志が行うもので、政府間の当プロジェクトとは関係がないこと、日越友好法律家協会は「国家と法研究所」と長く付き合いがあり、私は一番若い会員であるので、相手方を選ぶ権利などないと答えたが、司法省側は全然納得しない。司法省いわく、当プロジェクトと直接関係がなくても、日本の民間の企業や民間の弁護士がベトナムを訪問する場合、それが司法省の管轄する法律分野である場合は、私は当プロジェクトにこれを結びつける義務があるという。自分が派遣された司法省以外のところで活動するのは、配属先の司法省に対する背信行為であるといいたげな口調である。

ロック司法大臣任期延長祝い

クオン次官昇進のお祝い

確かに、中央政府の下にある人文科学院に属する「国家と法研究所」とＪＩＣＡによるベトナム法整備支援のカウンターパートの司法省とは、同じ法務関係のライバル官庁という関係にあり、一般的には仲が悪い。しかし、ベトナムは所詮狭い村社会であり、司法省や「国家と法研究所」の平局員同士は、ロシア留学中の寄宿舎で同室であったとか、ハノイ法科大学の同窓生だったというように双方交流がある。そのため、ある日「国家と法研究所」で起こったことは、翌日には司法省に知れることになるのである。おそらく、「国家と法研究所」の局員らが、日本人の弁護士がうちに来て、民法のセミナーをやり、結構わりのよい謝金をもらったが、司法省に派遣されている日本人の弁護士も来ていたぞというようなことを、司法省に勤務している友人に話したのであろう。

司法省の目からすると、ＪＩＣＡの専門家といえども、そこに派遣されて司法省「村」の村民になった以上、司法省「村」に徹底的に忠誠を尽くさなければならず、他の「村」である「国家と法研究所」に色目を使って、そこでセミナーを行い、謝金をそちらに支払うなど、浮気のさいたるものであり、「村」の掟を破る言語道断の行為なのである。そういえば、赴任当初、ＪＩＣＡベトナム事務所の等々力所長から、派遣先を介さずに、派遣先以外のベトナムの機関と直接付き合おうとすると、派遣先にそっぽを向かれて、長期専門家として仕事ができなくなり、実際そうなってしまっている援助機関の外人専門家は多くいるので、くれぐれも注意するように言われていたが、後で、このことを言っていたのかと痛感した。思えば、これは、その後いやというほど体験するベトナムの村社会への入会に際しての洗礼であった。

司法省への出勤の件は、赴任直後の一九九七年二月にベトナムを訪れた日本政府調査団とベトナム司法省の間で、和解的に解決され、一応、週に二回レギュラー・ミーティングを司法省で開き、その余は必要に応じて私が司法省のオフィスを使用するということになった。日本側は、形式を捨てて、実をとったことになる。

日本大使館も、日本国政府として実施する初めての法整備支援プロジェクトであるためか、私の司法省へのソフトランディングを後押ししてくれた。私の赴任直後に、森島昭夫教授が日本政府調査団長として来訪した折に、ロック司法大臣ら司法省の幹部と私が、大使公邸の夕食会のテーブルに招かれ、その際、鈴木勝也大使は、大使公邸でロック大臣に私を司法省に駐在する長期専門家として紹介してくれていた。

当初は私を受け入れることに対して大変警戒心を抱いていた司法省であるが、以上のような経緯を経た後は、私はほぼ毎日司法省に出勤できるようになり、セミナー開催前の忙しい時には、日曜日も出勤することがあったほどである。その後、司法省は、むしろ私を積極的に利用することに方針を変え、私自身が、司法省の求めに応じて、省内で調停法や不法行為における損害賠償の算定方法等民事法に関するレクチャーを行なったり、司法大臣からベトナムの国会に提出するための資料として、日本の重要法令のリストの

▶司法省内での不法行為の損害計算セミナー

司法省内での民事調停のセミナー▼

作成を頼まれたりするようになっていった。その後、この傾向はさらに高じ、私にできるはずがないのに、日本がガットに加盟した際の経験を司法大臣にブリーフィングをしろなどと言われたりした。さすがにこれは、経済外交問題であるので、日本大使館の経済部の嘉治美佐子参事官にお願いして、司法大臣にレクチャーをしてもらったが、女性参事官による大臣レクはなかなか好評であった。もうこうなると、私は司法省「村」の村民になったとみなされ、司法省は、私を省外の人間とはみなさず、日本から視察団が司法省を訪れたりすると、私の席をベトナム側に分類するほどになっていき、司法省内での業務は加速度的にスムーズに進行するようになっていった。

3　執務環境

このようにして、司法省内の居場所はとりあえず確保できたものの、省内の執務室には、座るとすぐに腰が痛くなりそうな椅子と使い勝手が悪い大きな机が一つあり、その上に国内しか通じない電話器がぽつんとあるだけであった。これでは、事務所として機能しないので、まずは新しい机、椅子、本棚、コピー機、FAX、エアコンを買い、ようやく事務所らしい体裁を整えた。

ただし、実際は、パソコンを使って文書をまとめ、辞書を広げて本を読むという作業は自宅で行っている。司法省内の執務室は、細長くて狭く、そこに司法省の職員や秘書の机や、本棚、コピー機、FAXが置いてあり、ごったがえしているので、大量の日本法、越《ベトナム》法、外国法の文献や、セミナーを行うたびにたまってゆく大量の資料を置いておくスペースがないし、オフィス担当の司法省の職員は四時半には帰ってしまうので、誰もいない役所で外人が一人で残業をするのは好ましく思われないこと、六月、七月には

司法省内のプロジェクト・オフィス

しばしば半日から一日にわたる停電があり、パソコン、電話、ＦＡＸ、コピーが使用できないことがあるため、省内の執務室にいても仕事にならないため、自宅に事務所機能をそなえざるを得ないのである。

ハノイは、一年中で六月がもっとも暑く、最高気温は四〇度近くになり、湿度は九〇パーセント近くになる。六月は、午後になると、発達した積乱雲から稲妻を伴うスコールが降り注ぎ、その後、決まって停電が起こる。クーラーが効かなくなったら、日当たりの良い司法省の狭い部屋は、スティームサウナの中にいるようなもので、およそ知的作業ができる状態ではない。赴任した年の六月には、ハノイ市内に大規模な床上浸水がおこり、司法省の前が池になってしまって、朝、役所の前まで行ったものの、役所の建物に入れないこともたびたびあった。六月のある日に司法省の一室で協議をしていたら、突然、頭の上のシャンデリアから赤い火が吹き始め、会議が流れてしまい、その後役所全体が数日間停電になってしまったことがある。もともと、電球くらいしかつけていなかったところに、ここ数年の間に、多くの部屋にクーラーがついたため、ヒューズが過負荷になりショートしてしまったらしい。

このような停電も、赴任後三年目にはあまり起こらなくなり、ベトナムの電力事情もかなりよくなったといえる。

4　秘書の雇用

こうして、司法省内に執務室が確保できたとしても、少なくとも英語のできる秘書がいないと仕事にならない。ベトナム法整備支援は、ミニプロジェクトといわれ、現地に駐在する長期専門家は一人しかいない。しかし供託や財産登記という民法の施行法規に関して意見書を作成したり、民法の施行状況を調べる社会調査をベトナム側と共同で行うという長期専門家の本体たる業務のほか、二人一組の短期専門家が特定のトピックごとに現地で行うセミナーが年に六、七回はあるので、これを後方支援することや、ベトナム人研修生の派遣や日本への留学生の選定をサポートするという事務に加えて、パソコン、コピー機等の機材の購入などの雑事務があり、実際私一人ではとうていこれを処理することはできない。

そのため、秘書を雇用することがどうしても必要になるが、これもひとすじなわではいかなかった。まず、司法省側は、秘密保持のため、司法省の職員を雇用しろという。ベトナムでは、一九七五年まで同じ民族が体制の異なる南北の二つの国に分断され、相争っていたため、秘密を守るために、今まで公務員はすべて縁故で採用されていた。このような歴史的な経緯から、ベトナムの役所では、採用試験で新人を採用するという慣習がなかったのである。

司法省のプロジェクト・オフィスで
オーストラリア担当の同僚と

現にＵＮＤＰ（国連開発計画）のような国際機関や、二国間の援助機関であるにもかかわらずＳＩＤＡ（Swedish International Development Cooperation Agency、スウェーデン国際開発協力庁）やドイツのＧＴＺ（Deutsche Gesellschaft fur Technische Zusammenarbeit、ドイツ技術協力公社）は、月に数百ドルを支払って司法省の職員を雇いあげているので、司法省からするとこれは当然の要求である。

しかし、ＪＩＣＡのような二国間援助の場合、カウンターパートの官庁の職員を雇用することは基本的には避けられる。受け手側の政府の職員の役務をＯＤＡプロジェクトのために無償で提供することが、受け手側政府の最低限の貢献とされるのである。これは、ＪＩＣＡ側が、相手の機関の経常経費を負担してしまうと自立的な発展を阻害するというのがその理由と聞いている。

逆に、これは司法省側にとってみると、ショックである。同じ司法省にプロジェクト・オフィスを持つＵＮＤＰ（国連開発計画）や、ＳＩＤＡ（スウェーデン国際開発協力庁）やGTZ（ドイツ技術協力公社）は二国間協力の場合でも、月に数百米ドルを支払って、プロジェクト担当の司法省の職員を雇用しているのに、JICAのプロジェクトでは、プロジェクト担当の職員はいくら働いても一ドルも支払われないのである。ベトナム人はプライドが大変高いので、面と向かっては、決してお金が欲しいなどとは言わない。しかし、立法に対するアドバイスはもちろん必要であるが、自分たちの経常経費も補填して欲しいというのが、援助を求めるベトナム側の偽らざる本音である。何しろ、司法省の平職員の給与は、三五万ドン（一米ドルが一万四五〇〇ドンとして、約二四米ドル）で、それすら、半月ごとに分けて支払われるという状況なので、彼らは、別途、給与外所得をもたらす仕事を請け負い、それで生活をしている。よって、彼らに、「お前達の国のためにやるのであるから、ただで働け」といっても、それが、この給与外所得を得る機会を奪ってしまうようなものであれば、彼らはこれをやりたくてもできないのである。このあたりは、外国から来たばかりの人には一番分かりづらい。今では、司法省の職員を有償のオフィススタッフとして雇いあげているSIDA（スウェーデン国際開発協力庁）でさえ、その代表団が、法整備支援プロジェクトを開始しようとして司法省と交渉していた際に、現地職員の給与の支払いの話でベトナム側ともめて、SIDA側は立腹のあまり、会議の途中で席を立って、退席しまったことがあったという。

私は、日本の大蔵省とJICAの政策のため、相手方の職員を有給スタッフとして雇用することは困難であると伝えたが、司法省側はそれでは、秘密保持の観点から、秘書は雇えないという。私はオフィス担当の女性職員のNさんを説得し、秘書なしでは、〝我々〟の事務量が増えて、とてもこなせないので、外部の秘書をぜひ雇うべきであると説得した。

私の赴任前、JICAの費用で司法省において短期専門家によるセミナーを行った際、司法省側は、日本側の要求に応じて大部のコピーを配布する必要があったが、そのために司法省のＪＩＣＡプロジェクト担当のＮさんは日曜出勤までして、一日中、旧式のコピー機でパッタンパッタンと蓋を開け閉めして大量の資料をコピーしなければならなかった。秘書がいなければ、こういう作業は、司法省のＪＩＣＡプロジェクト担当のＮさんの責任となる。

日曜出勤というベトナム公務員にあるまじき苦い経験をしたＮさんは、司法省の幹部を説得してくれ、司法省が推薦する外部の者を雇用することになった。そこで、英語の達者なＪＩＣＡベトナム事務所の大久保さんと一緒に「司法省の幹部の恩師の息子」という青年を面接したが、結果は、大久保さんいわく、「彼のために英語の通訳を別途雇用する必要がある」という英語力であったので、さすがにこれは不採用とした。

すでに、ベトナムで短期専門家によるセミナーが次々と開催され始め、日本への研修員や留学生の選定・派遣という作業や、ハノイで一〇〇〇件の面接を行う社会調査も始まり、プロジェクトの作業量が増えて、もう秘書の雇用を待てない状況になっていた。

そこで、過去ＪＩＣＡベトナム事務所の現地職員の採用試験に最後の面接で惜しくも落ちた人にもう一度声をかけ、司法省推薦の者も交えて試験を実施し、ハノイ師範大学出のチャーミングで非常に優秀な女性のＨａ《ハー》さんをやっと雇用することができた。すでに時は赴任後半年になろうとする一九九七年の五月になっていた。

ベトナムの場合、同じ民族が二つの国に分かれて交戦するという事態が続いたので、秘密を守るために、公務員は家族、友人、知人のなかから縁故で採用され、公務員試験で職員を採用するという制度がなかったため、公務員の雇用は今でも任用試験によらず、縁故採用でなされていることが多い。ベトナムのある官庁に派遣されたＪＩＣＡのプロジェクトの専門家が、ベトナム側の担当局長の娘を秘書として採用することを頼まれたが、これを断ったところ、当の局長の態度が豹変し、割り当てられていた執務室を取り上げられそうになったという話もある。ベトナム側としては、自分の組織内の採用がすべて縁故採用なのであるから、当然のことをしているつもりでも、二国間の援助の原則とは衝突するのである。一種の文化摩擦のようなものといってよい。

二　長期専門家としての仕事の内容

長期専門家としての私の初仕事は、民法を施行するため弁済供託の政令と財産登記の政令に対する日本法を紹介し、その草案に対する意見を司法省の民事・経済局に提出するというものであった。

弁済供託といい、財産登記といい、法務省の供託官や登記官、または司法書士の方が実務には詳しく、司法試験を通った弁護士、検事、裁判官は、一般的にいってこの分野の実務にはあまり詳しくない。私が一人で草案を読んでも、とうていよい意見は書けそうにないので、まず、草案を日本の法務省に送って、専門家の意見をもらい、これをたたき台にして、私が意見書を作成して、提出することにした。ただし、そのためには翻訳の問題をクリアーしなければならない。

ベトナムの事情を知らない人は、現地又は日本で、日本語の資料をベトナム語に訳せばたりるように思うかもしれないが、現実はそのように簡単ではない。

なぜなら、英語・ベトナム語間であれば、ベトナムには法律文献の翻訳をする人材がかなりいるのであるが、日本語・ベトナム語間で法律文献を翻訳できる人はほとんどいないし、日本には、旧南ベトナム出身者で、日本の大学に留学して帰化した人がいるので、ベトナム語・日本語間で法律文献の翻訳を行なう人材は若干いるのであるが、日本で日本語の法律文献をベトナム語に翻訳する場合、現地の予算とは別立てのＪＩＣＡ本部の予算を申請して、本部の決済を得なければならないため、とてもベトナム側の立法速度に間に合わないという事情があるからである。

よって、実務上、まず日本法を英語に訳し、これをさらに現地でベトナム語に訳して、日本法の内容をベトナム側に伝えているのが現状である。

ところが、これにも問題があって、日本の法律でも、証券取引法や独占禁止法のように、もともとアメリカ法にルーツを持つ経済法は、わりと英訳されているのであるが、そうでない供託法というような基礎的な民事法の分野の法律はあまり英訳されていないのである。

司法省は、財産登記と供託の政令の草案を、一九九七年の五月中に政府に提出すると述べており、日本語の文献のベトナム語への翻訳作業は急を要した。そこで、日本から持ってきた英文の文献をあちこち見ながら、私自身が供託法の法文や供託の文献を英語に翻訳し、これを司法省に依頼してさらにベトナム語に訳させるという伝言ゲームのような手間のかかる作業をせざるをえなかった。

日本の法務省の窓口である法務総合研究所（通称、法総研）によると、供託に詳しいベテラン事務官が、個人的な見解として、ベトナム側の草案に対する意見を出せるが、彼は英語が苦手というので、時間の制約上、私が、司法省の当プロジェクト担当職員のＮさんに聞きながら、供託の政令の草案を直接日本語に翻訳して、これを法総研に送付した。

財産登記の政令の方は、日本の法務省の法総研がＪＩＣＡの費用で作成していた日本の不動産登記法に関する英語の文献があったので、これを司法省に依頼してベトナム語に翻訳させた。また、ベトナム側草案は、分量が多いために私が日本語に翻訳をしているひまがないので、ベトナムで英語に訳し、これを日本で日本語に翻訳してもらった。以上、日本語、英語、ベトナム語、またその逆という流れで、伝言ゲームのように翻訳をつないでいかなければならなかったが、この作業を非現実と思えるほどに短いベトナム側の立法スケジュールに間に合うように迅速に実行することは大変骨の折れることであった。

ベトナム側が作成した財産登記や供託の政令の草案に対して、日本の法務省の専門家が個人的な意見として送付してきた意見書は、大変厳しく、「各草案は、個々の論点を論ずる前に、そもそも構成上、法案の体裁をなしていないし、一つの政令の中に、同じ概念に対して異なるテクニカルタームが使用してある等、法案としての基礎的な条件を欠いているので、内容を論ずる以前の出来ばえで、箸にも棒にもかからない」というものであった。

日本の法務省の専門家の意見はまったく当たっているのであるが、まさか、プライドの高いベトナム側にそのままこの意見書を提出するわけにはいかないし、これをそのまま出したら、ベトナム側の草案起草者は、日本側を警戒して、二度と草案を日本側に開示しなくなるおそれもある。よって、日本の法務省の意見書をたたき台にして、私が当地で調査をしたり、草案の起草の担当者と協議をしていて気が付いたことを加味し、草案に対する意見書として司法省側に提出し、司法省の草案起草者達から寄せられた日本の不動産登記や船舶登記などに関する質問に、その都度答えて、資料を渡すという作業を行なった。

このように現地の法令の調査や草案に対してアドバイスをするという仕事は、法律家として大変やりがいがあり楽しい。しかし、司法省に二日以上出勤するなということから始まって、秘書の雇用などという非本質的なことで日々、司法省と交渉しなければならず、また、私を補佐してくれる秘書やＪＩＣＡの業務調整員がいなかったため、短期専門家のセミナーのサポート、年間予算の策定、コピー機等、オフィスの機材購入事務等といったＪＩＣＡ内部の事務処理にも多くの時間を割かなければならず、肝心な現地の法令調査、日本法や実務の説明、立法へのアドバイスという本体たる仕事のために十分な時間を割けないのが実情であった。

三　タブーとなった民法の基礎理論に関するディベイト

司法省の民事・経済局のＴ局長は、現行民法を起草した人であるが、この人は、私の本体の業務である民事、商事法の立法支援の作業における直接のカウンターパートであった。

日本の短期専門家をベトナムに呼んでセミナーを開催する際のテーマの選択関しては、まず、私がベトナムの国会の立法計画を検討し、日本が支援できそうな分野を選び、Ｔ局長と話し合ってテーマを決め、これを日本政府調査団とベトナム司法省との協議の際に提出し、現地セミナーのテーマが決められていた。

財産登記の草案の件でこのＴ局長と話をしている最中に、民法の典型的な論点である、不動産の二重譲渡の問題に立ち入った。不動産の所有者Ａが、不動産をＢに売却したが、Ｂに所有権の移転登記をする前にＣに売却したり、Ｃに対して抵当権を設定して登記をしてしまった場合は、ベトナム法ではどのように処理するかという問題である。とそのとき、日ごろ温和なＴ局長の顔色がさっとかわり、不動産の二重譲渡はベトナムではありえず、第二の売買や担保の設定をした売主Aは刑罰で罰せられると強い調子でいう。同局のB副局長とこの話をしたときも、血相を変えて同じ反応をした。日本の民法は、このような病理現象の存在を前提にして、BやCという所有者Aと取引に入った者の間の利益を調整するものであるが、その前提がありえないと言われると、日本の民法の説明もできなくなってしまうので困ってしまった。民法の起草時にアドバイスをした森島昭夫教授も同じような経験をしており、同教授によると、ベトナム民法は当事者が約束や法律を破ったときにどう裁判するかという裁判規範ではなく、人民はどのように行動すべきかという行為規範を規定したものと認識されているという。まさに、物の二重譲渡や、未登記物権に対する担保権の設定行為はしてはならない行為であり、やってはいけない行為をした場合のことを考える必要がないというより、考えてもいけなかったらしい。このように、ザインとゾレン（ありのままとあるべき姿）を混同する態度は、ベトナムの役人の間にしばしばみられる態度である。社会主義の原理・原則や法律に反する事実が実際に存在するのに、そのような問題はあってはならず、かつベトナムでは存在しないというのである。私は、民法上の法技術的な話をしているだけで、マルクス・レーニン主義や共産党の一党独裁の是非の話しているのではないのであるから、そんなに血相を変えてなくてもよいのにと思ったが、このような技術的なところで、予想外の反発に合ったので、面食らってしまった。

しかし、帰国後の二〇〇一年二月に、ベトナムに出張して担保法の調査をして、ホーチミン市の控訴裁判所や銀行を訪ねたところ、このやってはいけないはずの二重譲渡に等しい例が多数生じており、どのように裁判したらよいか、裁判官が迷うという状況が生じていることが判明した。すなわち、債務者Aの一つの土地使用権に対して、二重に証明書が発行されていた場合に、Aがこの二つの証明書を利用して、BCという二つの銀行に対して同じ土地使用権を二重に抵当に入れてしまった場合がかなり多く、この場合

いわゆる赤本という土地使用権証明書

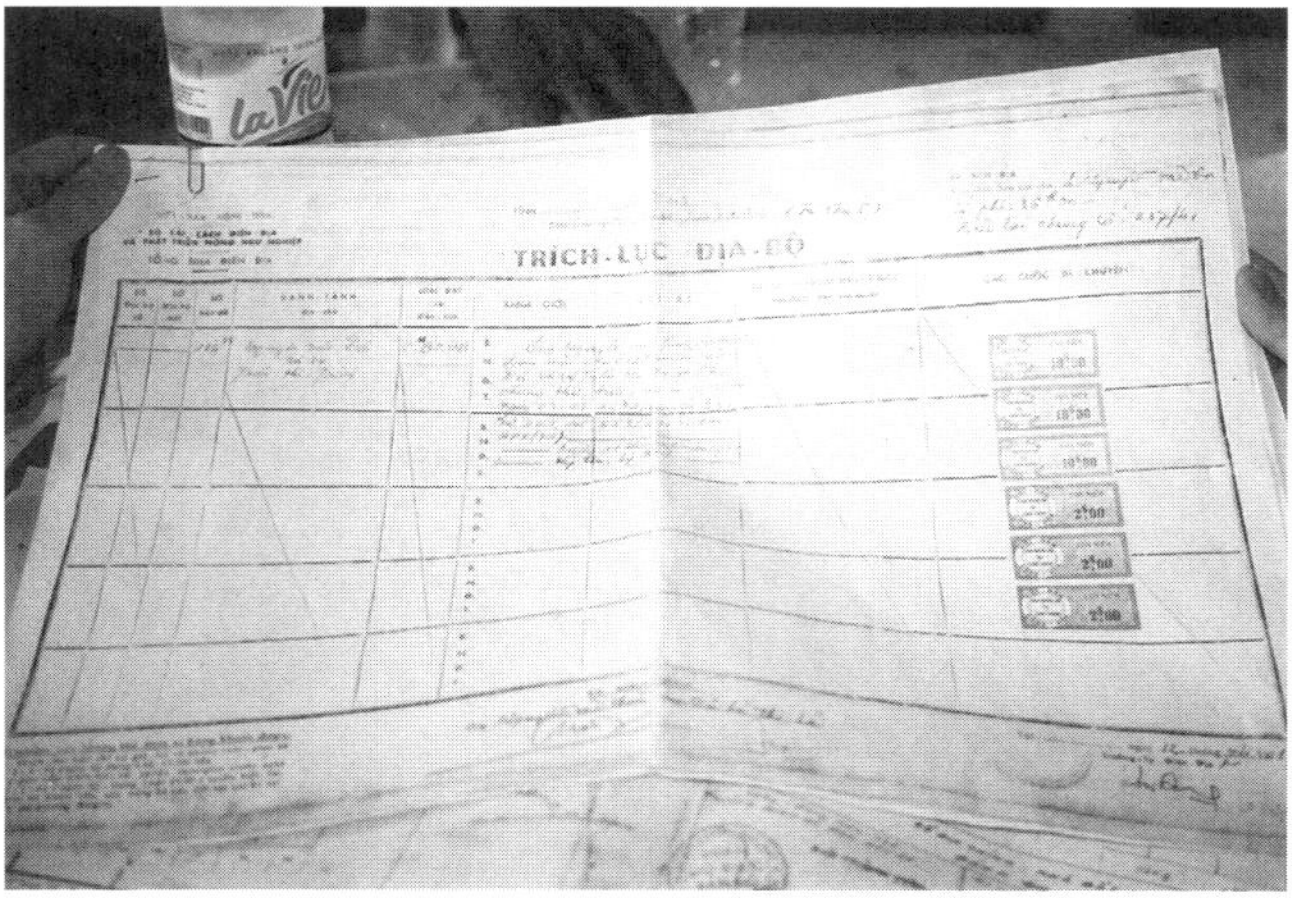

サイゴン政権が発行した土地証書(Dia Bo，地簿)
現在でも有効なものである

に、時において早く権利を取得したB銀行が優先するのか、BCでいたみ分けをするのかを決めかねると、ホーチミン市の控訴裁判所の裁判官が私に述べた。ベトコンバンクや農業発展銀行のホーチミン市支店で事情を聞いた際にも、同様の例があると銀行員が話してくれた。

ベトナムでは、フランス植民地政府やサイゴン政権という旧政権の発行した土地証書が条件付きではあるが、有効とされるし、社会主義政権下でも、通称〝赤本〟と呼ばれる正式の土地使用権証明書のほか、土地改革期の土地証書とか、人民委員会の土地交付決定書など様々な土地の使用権を証明する証書があるので、一つの土地に対して複数の証明書が存在しうる。

また、日本と異なり、ベトナムでは、一旦ある土地使用権に抵当権を設定したら、他の債権者のために後順位抵当権を設定することはできないと解釈されている。しかし、この例のように、やってはいけない第二の抵当権を設定した場合、この第二の抵当権の設定行為は有効なのか、無効なのかが決まっていないのである。

以上のように、ベトナム民法は、人民はこのように行動すべきという行為規範を規定したもので、人民がそのように行動しなかった場合に、どのように裁判で処理されるのかという裁判規範を規定したものではないと考えられているため、法的効果が発生する要件と効果のセットで規定するということがなされていない。例えば、民法は、債務者が自分の財産を担保に入れた場合、この担保物を売却してはいけないと規定している（民法三三二条五項、三五一条四項c）が、では、この規定に違反して担保物を売却した場合、はたしてこの売買契約は無効なのか、または有効であるのかに関する規定がない。裁判実務では、一旦担保に入れた物を再度別の債権者に担保として入れるという例が生じていて、どのように裁判してよいのか、裁判官が決めかねている。

同じようなことは、善意者の保護とか、信義則という民法の基礎理論についてベトナム司法省側と話をしようとする際にも生じた。私が善意者保護とか、信義則の話をしようとすると、ベトナム側の局長、副局長クラスの幹部は、顔色を変えてそそくさと逃げてしまい、議論をすることを避ける傾向があった。

しかし、日本に限らず、フランス、ドイツというヨーロッパ大陸法系の国だろうと、アメリカ、イギリス、オーストラリアという英米法系の国だろうと、およそ市場経済がうまく機能している国には、契約が無効であったり、債権者だと思って弁済をした場合に債権者でなかった場合に、契約を有効と信じて取引に入ったり、債権者のような外形を信じて弁済をしたものを保護する善意の第三者の保護という考えや、自分が作り上げた虚偽の外形を信じて取引に入った者に対して、虚偽の外形を自ら作り上げた者は、その外形の無効を主張できないという信義則（英米法では、エストッペルという）という考え方がある。

しかし、ベトナムでは、このような考え方がまだ完全には認知されていない。無効な契約は無効であって、善意で無効な外形を第三者が信じても、それが有効になるものではないというのが、ベトナム法のというより、社会主義法の基礎的な考え方なのである。確かに計画経済時代であれば、国営企業同士が行う生産のための経済契約は国家の作成した経済生産計画にもとづくので、計画に反した契約は絶対に無効であって、仮にこれが有効であるかのような外形があり、これを第三者が有効と信じても、保護されるはずがないといえたであろう。しかし、善意者保護とか、信義則というのは、市場経済の基本ルールのようなものであるので、これが認知されないのでは、市場経済がこの国に根付くのは困難である。

中国では何十年間、善意者保護や信義則について、これを認めるか否かについて争いがあり、立法上は否定的でありつづけていたが、WTO加盟をひかえた一九九九年三月、長年の論争に終止符をうち、統一契約法が、日本民法の表見代理の規定に範を取り、無効な契約を信じた善意の第三者の保護をするという考え方を認めた。私が、司法省やハノイ法科大学で、民法の講義をしたときには、若手の人は、二重譲渡や、信義則などの話をよく理解していたが、ベトナムでは、まだまだ、世代交代がないと、善意者の保護とか、信義則という考え方は受け入れられそうにもない。

もっとも、二〇〇〇年になって、国会が一九九六年に施行したばかりの民法の大改正作業に着手することを決定し、その後、司法省も、善意者保護の必要性を公然と主張するようになったので、以上述べた点も、いずれは改善されるものと思われる。

四　ＪＩＣＡによるベトナム法整備支援の理念

ベトナム司法省に、法整備支援をしているのは、ＪＩＣＡだけではない。ＪＩＣＡによるベトナム法整備プロジェクトの事務所は、ベトナム司法省の二階に位置するが、その右隣は、ドイツのＧＴＺ（ドイツ技術協力公社）、左隣はＵＮＤＰ（国連開発計画）、その隣はＡＤＢ（Asian Development Bank、アジア開発銀行）、その奥がＳＩＤＡ（スウェーデン国際開発協力庁）のプロジェクト事務所という具合に、司法省内にプロジェクト事務所を持つドナーだけでこれだけ多数あり、そのうちＵＮＤＰは、一九九四年からアメリカ人の弁護士を、resident adviser という資格で常駐させている。

その他、司法省内にプロジェクト事務所は有していないが、フランスは、ハノイ法科大学内に Maison du Droit（越仏法学舎）というプロジェクト用の建物を持ち、そこにフランス人弁護士を常駐させているし、その他、ドイツのコンラート・アデナウアー財団、オーストラリアのＡＵＳＡＩＤ（Australian Agency for International Development、オーストラリア国際開発庁）、カナダのＣＩＤＡ（Canadian International Development Agency、カナダ国際開発庁）という援助機関が司法省をカウンターパートとする法整備プロジェクトを持っている。

ベトナムにおいて、これらのドナーのうち、ＪＩＣＡによる法整備支援と、支援の質と量、支援対象という観点から競合するのは、ＵＮＤＰ（国連開発計画）、ＳＩＤＡ（スウェーデン国際開発協力庁）とＡＤＢ（アジア開発銀行）、フランス政府の法整備支援プロジェクトである。

これらのドナーのプロジェクトを説明した文書を読むと、支援相手国の良い統治（good governance）や民主主義の発展、市場経済体制への円滑な移行、人権保障、環境保護のために、法整備支援を行い、相手国の自主性や主権を重んずるということで、総論的にはさしたる違いはない。しかし、実際に各国で行われている、ドナーの法整備支援を観察すると、各ドナーの支援の目的と指導理念は、①国際融資機関の融資の回収の安全性を確保するための法整備、②外資企業の環境整備のための法整備、③市民社会の実現、人権保障のための法整備、④自国の言語や文化の普及のための法整備に分けられるように思える（以上は、戒能通厚早稲田大学法学部教授・名古屋大学名誉教授の分類を参考にしている）。

これらのドナーのうち、ＡＤＢ（アジア開発銀行）は、ベトナムにおいて、司法省や国家銀行を対象にして、担保法に対する支援を行った。ＡＤＢは、このように、自分が発展途上国の銀行に融資をして、この銀行がまた地元の企業に融資を実行するという二段階融資を実行する前提として、担保法、破産法、仲裁法という融資金の回収のため直接関連する法律のみを対象として支援するので、①の融資の回収の安全性確保目的のための支援にあたるといえる。

確かに、発展途上国は開発資金を必要としており、融資金が回収できる環境は市場経済の基礎であるので、融資金が回収できるような環境を作る法整備は、発展途上国の自立的な発展のためにも必要である。しかし、このタイプの法整備支援は、ドナー側がインターナショナル・スタンダードであると考える英米法の影響の濃いモデル法に沿った国内法を制定することが、融資の条件となっていることが多く、絶望的に開発資金を欲している発展途上国側は、国内事情を度外視して、このモデル法をそのまま国内法とすることも多い。しかし、このモデル法が発展途上国の発展段階や、社会事情に合わないことが多く、法令を施行する国内の法律家がそのような先進的な法令を理解しないこと、また社会主義法や大陸法系に基づく従来の法体系を維持したまま、これら英米法に影響されたモデル法がある分野のみにスポット的に制定されるため、他の既存の法令と矛盾をきたすこと、また、モデル法が施行されることにより既存の利益を侵害される官僚等、利益集団の抵抗にあったり、また、発展途上国側が、外見上モデル法に従うように見える法令の中にモデル法の肝心な部分が効力を発揮しなくなるような条文を挿入したりして、モデル法を国内化する法令が制定されたものの、実際はまったく施行されないということも多い。また、国際金融機関は、融資が焦げ付いたときに備えて、焦げ付きに対する責任を回避するための免罪符として、その推薦するモデル法令の国内法化を要求するのが本音なので、モデル法に外見上沿った国内法令が制定されれば、その施行の実効性の有無を問わず、融資実績を上げるために、融資を実行することが多い。

これについては、国際金融機関も、発展途上国側も、モデル法は施行できず、融資金ははじめから償還できないのを承知で、これに沿う国内法令が形式的に制定されるのを免罪符として融資をして融資実績を伸ばし、日本国民のような出資国の国民の犠牲において、双方が満足しているというようがった見方もできる。

UNDP（国連開発計画）の法整備支援は世界各地で様々であり、憲法や人権法の支援を対象にしたものもあるが、ベトナム司法省に駐在しているのが、ビジネスロイヤーとしての経歴を持つアメリカ人弁護士であるためか、少なくともベトナム司法省―UNDPプロジェクトは②の外資企業の投資環境整備のためという傾向が強い。私が出張して事情を聞いたラオスのUNDPも同じ論調であった。

外資企業の投資環境整備のための法整備は、外資企業の資本の流入や技術・ノウハウの移転が、発展途上国の社会・経済の発展にプラスの影響を与えるという大前提があって、それが妥当する場合には、発展途上国側の利益になるが、外資の自由な活動が、常に発展途上国の利益になるとは限らないという問題がある。多国籍企業等の外資が自由に企業を設立して、国内企業と同様の条件で、どのような分野にも参入できるとすると、幼児段階にある発展途上国の企業は、育成されないであろう。また、ベトナムのように人口稠密《ちゅうみつ》なところで、外国企業や外国人に自由に土地を取得、処分させることは、圧倒的に資金力のある外資や外国人の土地に対する投機や、それによるベトナムの国土の買占めというような弊害を呼ぶのであり、慎重にならざるを得ない。このタイプの法整備支援については、外資企業の環境整備のための法整備が、本当に受け手国の社会・経済のためになるか否か、またなるとしても、外資企業の進出から利益を受ける受け手側の権力者や富裕層のみを利して、そうでない層を圧迫する結果にならないかという視点から批判的に吟味されなければならないという問題点が指摘できよう。

SIDA（スウェーデン国際開発協力庁）は、JICAと同様、民事・刑事の基礎法に対する立法支援を行う他、共産党の思想教育機関であるホーチミン政治学院に女性と子供の人権というプロジェクトを持ち、貧困者のための法律扶助に対する支援を企画しており、その他カナダCIDA（カナダ国際開発庁）も地道であるが、着実にその国の市民社会のために法整備支援を進めているので、③の市民社会の実現、人権保障のための法整備支援に分類されよう。

このタイプの法整備支援は、発展途上国側のメリットを優先するものである点、発展途上国にとってはありがたいものであるが、自国の法を採用することを支援の条件にすることなく、基礎法の原理を説明し、これを理解させ、立法作業は発展途上国側にゆだねるという方式をとるので、モデル法の国内法を融資の条件とする傾向のある①の国際融資機関の法整備などにくらべて、支援の効果が目に見えないことが多く、また基礎法への支援であるだけに、基本的な法思想の転換を行う必要があるため、効果が現れるまでに時間がかかり、果たして、法整備支援が有効に働いているか否かを検証することが困難であるという問題点がある。

フランスの法整備支援は、ハノイ法科大学のプロジェクトに典型的に見られるように、ベトナム人がフランス語で、ベトナム法を大学内で教え、フランス人がフランス語でフランス法を教え、無事コースを終了すると、ハノイ法科大学とパリ第二大学の修士号が同時に取れるというものであり、フランス語とフランス文化の普及の一手段としての法整備支援として、明確に④の自国の文化、言語の普及型の法整備支援に位置付けられる。

このタイプの法整備支援は、自国の文化、言語を発展途上国の人が学ぶことが、すなわちその発展途上国の人のためになることを前提としており、その意味では、②の外資のための法整備支援と同様の問題点をはらむ。

日本語は日本でしか使用されていない少数言語であり、非漢字圏の発展途上国の法律家にとっては、これを習得するのは至難の業であるので、これを普及することをおもな目的として法整備支援を行うというのは、考えがたいが、ＪＩＣＡによる法整備支援において、ベトナムやカンボジアやラオスといった国々の法令起草や運用にあたる人たちが、現地でのセミナーや日本へのスタディーツアー、または日本への留学を通じて、日本法に現れた日本人の思想や、日本語や日本文化を学ぶことを通じて、日本語や日本文化が普及されるという効果があることは事実である。

ＪＩＣＡによるベトナム法整備支援の場合、まだ指導理念は確定的でないが、現地に進出する日本企業は、①の融資の安全や②の外国投資の促進のためであることを望み、政治家の中には④の日本法や日本語の普及がされるのでなければ意味がないと説く者がいると聞く。

ＪＩＣＡによるベトナム法整備支援は、今までの運用から判断して、民事・商事、ないしは刑事の基礎法を支援することを通じて、第一義的には③のベトナムにおける市民社会の実現がなされることを目的としつつ、その結果として、ベトナム国内の民事・商事法が整備されて、②の日本企業の投資環境の改善がなされ、またベトナム側が日本法を勉強することを通じて、④の日本の文化や日本語が普及することも反射的な効果として期待するという考え方のもとに実施されてきたものと評価できるように思う。

すなわち、ＪＩＣＡによるベトナム法整備支援プロジェクト（カンボジアでも同様）においては、ＡＤＢ（アジア開発銀行）や世界銀行の一部であるＥＢＲＤ（European Bank for Reconstruction and Development、ヨーロッパ復興開発銀行）のような国際金融機関の行う自己の融資金回収を目的とした法整備支援を反面教師とし、民法、商法、刑法、民事訴訟法、民事執行法、刑事訴訟法という基幹的な基礎法の整備に対して支援を行なうことを通じて、ＯＤＡ大綱と呼ばれる閣議決定の趣旨である「よい統治」、市場経済の促進、人権の保障などの諸理念を実現してゆこうとするものであると評価できるであろう。

五　ＪＩＣＡによるベトナム法整備支援と他のドナーの法整備支援との違い

１　ＪＩＣＡによる法整備支援の良い点

ＪＩＣＡによるベトナム法整備支援の場合、民法の施行状況を調べるために、ベトナム側の法律家や法律研究者と共同して、社会調査を実行するという独特のスキームがある。

これは、当プロジェクトの国内支援委員会の長である森島昭夫教授の提案になるもので、森島昭夫教授が若かりし頃より、農村の相続実態調査など多くの社会調査に参加した経験から出ている。また、日本が一〇〇年前に民法や商法を制定する際に、全国の民事・商事法に関する慣習を調査し、民法・商法慣例類集という本を編集したこと、また戦前日本政府が中国、満州、朝鮮、台湾、蒙古、仏領インドシナを植民地的に統治する際に、岡松参太郎、末弘厳太郎、田中耕太郎、我妻栄というような著名な法学者を大動員して、現地の法令・慣習の調査を行ったという経験が、その背後にある植民地支配に対する反省はあるとしても、他国の立法を支援する際の方法論として、参考にされているようである。

およそ、ある国の法制度に対する支援する際には、まず相手国の法律の施行の実態を調査して現状把握をし、その上で、その国にあった助言をするのは、至極当然のように見えるが、現在世界中の発展途上国において実行されている欧米や国際機関のドナーによる法整備支援においては、むしろこのようなアプローチがとられることはまれである。

たとえば、ＡＤＢ（アジア開発銀行）や世界銀行の一部であるＥＢＲＤ（ヨーロッパ復興開発銀行）という国際融資機関の行う法整備支援を見てみると、プロジェクトの説明文書の上では、どこも相手国の民主化の推進とか、相手国の自主性を重視すると主張している。しかし、これらの国際金融ドナーが実際、実施した案件を検討してみると、ＪＩＣＡによるベトナム法整備支援プロジェクトで行ったように、相手国の法律家の参加の下、相手国の法律の施行状況を長期、継続的に調査するという方法はとられておらず、現地に支店を持っている欧米系のローファームに調査を委託して現地法の調査をすませ、ドナー側の融資の回収の安全性の確保の観点から作成された担保法、破産法または仲裁法などのモデル法にそった立法がなされることを、融資の条件にする傾向があると思えてならない。

この点、ベトナムにおいては、ＪＩＣＡによる法整備プロジェクトの開始の少し前から、ＡＤＢ（アジア開発銀行）が、ベトナム司法省をカウンターパートとし、カナダのケベック州の弁護士をコンサルタントとして、ベトナムに対する担保取引法と担保取引登記法の支援を開始していたので、このＡＤＢの法整備プロジェクトとＪＩＣＡによるベトナム法整備支援を比較してみると、国際融資機関の法整備とＪＩＣＡのそれとの特徴が明らかになる。

ＡＤＢ（アジア開発銀行）は、歴代の総裁を日本人が務め、募集資本総額の約一六％を日本が出資する国際融資機関であるが、その職員には白人が多く、ベトナムが旧仏領インドシナであり、現在でもフランス法の影響下にあることから、同じくフランス法を継受したカナダのケベック州の弁護士がコンサルタントとして起用された。

ベトナム司法省は、当初、ＡＤＢ（アジア開発銀行）に財産登記一般に関する支援を要請したのであるが、ＡＤＢは、これには関心を示さず、担保の登記なら支援をするといってきたそうである。そのために、司法省が、私の赴任当時、ＪＩＣＡに財産登記の政令に対する支援を要請してきたものであった。

ＡＤＢ（アジア開発銀行）の方は、コンサルタントであるカナダのケベック州の弁護士が、数週間ほどベトナムに滞在して調査をした結果、ベトナムでは、不動産等の財産の所有権（ないしは土地使用権）の登記は絶望的であるので、担保登記を実行するためには、担保の対象財産の権原の登記を前提とせずに、簡易に担保権登記のできるアメリカ統一商法典第九章の通知・登録制度（notice filing system）の導入を薦め、これに基づくモデル法をベトナム側に提示した。

ここで、気をつけて欲しいのは、ＡＤＢ（アジア開発銀行）の法整備支援の場合、ＡＤＢがベトナム側の銀行に融資をして、これがまたベトナム側の企業に融資をするという二段階融資が前提にあり、その際に、ベトナム国内の担保法が整備されていないと、ベトナム側の銀行の債権の回収ができなくなり、ひいては自己の融資金が回収できなくなるおそれがあるため、自己の融資の保全のためにベトナム側の法整備を支援するのであり、司法省が財産登記一般の支援の要請をしても、それがＡＤＢ側の融資の保全に直接役立たない以上、これがベトナムにとっていくら重要でも支援はしないということである。

ここが、ＪＩＣＡによるベトナム法整備との決定的な違いである。ＪＩＣＡの場合、要請主義に基づくので、ベトナム側から支援要請があり、日本側に支援能力があれば、民主主義、人権保障、市場経済の促進とか、軍事使用の禁止という日本のＯＤＡの精神に反しない限り、これに応じてゆく立場であった。これは、スウェーデンＳＩＤＡ（スウェーデン国際開発協力庁）の法整備の立場に近い。

後に詳しく内容を述べるが、ＪＩＣＡのベトナム法整備において行われた社会調査は、まずベトナム民事法の問題点がどこにあるかを発見しようとすることが目的であり、ＪＩＣＡ側は、ベトナム側に特定の法案を受け入れさせるためにこれを行うわけではない。また、ＪＩＣＡのベトナム法整備における社会調査は、数週間というような短期間ではなく、ハノイ市とホーチミン市で、それぞれ一〇〇〇件の個別面接を行い、裁判所や、登記所、司法局など関連する多くのベトナム側機関を訪問し、三年かけてレポートを作成するというものであり、しかもこれは、私という日本側の専門家とベトナム司法省が共同で行うものであるという違いがある。

支援の結果は、どうであったであろうか。ＡＤＢ（アジア開発銀行）の支援は、一九九九年一一月一九日付けの担保取引の政令一六五号、一九九九年一二月二九日付けの信用機関の融資担保の政令一七八号、二〇〇〇年三月一〇日付けの担保取引登記の政令第〇八号という三つの政令として目に見える形になった。このうち、担保取引の政令、信用機関の融資担保の政令は、事後取得財産条項や、将来債権条項、売却された動産担保物への追求効の制限と売掛金への優先権付与といったアメリカ統一商法典第九章の規定を採用し、また担保取引登記の政令は、ＡＤＢが推薦したアメリカ統一商法典第九章にルーツを持つ notice filing system（通知・登録制度）という担保登録制度を採用し、コンピューター化された中央集中の担保登録制度を採用した（ただし、不動産、船舶、民用航空機には適用されないと解されている）。

他方、ＪＩＣＡの方はどうかというと、短期専門家として来訪した明治大学法学部の新美育文教授や法務省民事局の始関正光検事らが、財産登記の政令に対してアドバイスをして、そのアドバイスに沿った財産登記の政令の草案が作成されたが、財産登記の政令の草案自体は、ベトナム司法省がモデル法なしで自ら起草したがゆえに出来が芳しくなく、すでに存在する土地使用権、船舶、航空機の登記を規律している諸法令に替えてこれを制定する価値がないとして、政府に提出されたものの、これは政令として日の目を見ないうちに廃案になってしまった。

では、財産登記法におけるＪＩＣＡのベトナム法整備支援は失敗で、担保取引法におけるＡＤＢ（アジア開発銀行）の法整備支援は成功であったのであろうか。日本側はお人よしで、ＡＤＢのカナダ人コンサルタント達が形になる成果が出そうにもないとして手をつけなかった基礎法の分野に手を出したため、案の定、財産登記の草案は流れ、他方、ＡＤＢは融資を餌に自分達のモデル法を担保取引の政令として成立させて、日本側はまんまと出し抜かれただけなのであろうか。現場にいた私が言うと負け惜しみのように響くかもしれないが、そのようにいうのは法整備支援が何のために行われるかを忘れた議論であると私は思う。

結論的にそれが採用されるか否かは別として、財産の登記の目的は財産の現状と権利関係を一般に公示することにより、財産取引の安全を図ることであるという日本民法の基礎的な考え方は、現地セミナーや日本へのスタディーツアーや草案へのアドバイスを通じて、ベトナムの法案の起草者達に理解され、立法にあたり参考にされているというのであるから、主権国家に対する法整備支援としては、日本法がベトナム側にモデル法として採用されなくても、これで十分なのである。

むしろ、ＡＤＢ（アジア開発銀行）やＵＮＤＰ（国連開発計画）が薦めたアメリカ統一商法典の第九章の考え方を採用した担保取引の政令や、担保取引登記の政令は、ベトナム人法律家の大多数に理解されないまま制定され、大陸法系に属する現行ベトナム民法と体系が異なるため、今後の立法や実務に深刻な混乱を引き起こしてゆくものという問題がある。

この種の混乱の例としては、担保取引登記の政令が採用したアメリカ統一商法典の九章に規定されている通知・登録制度という担保登録制度が挙げられる。

現在、ベトナムでは、不動産や動産に担保権を設定してその登記する場合、登記機関が、担保権設定契約書の公証を要求し、担保物に対する担保権の設定者の権原の有無や、公租公課の支払いの有無、建物の建築の合法性を、財産の所有権や土地の使用権の証明書や、租税の支払済み証明書、建築許可書などを徹底的に審査することにより確認し、国家が私的な担保取引の安全性を後見的に保証するという制度を採用している。

しかし、アメリカ統一商法典の第九章が規定する担保取引の通知・登録制度は、このような国家の後見的な制度とは一八〇度異なるもので、担保取引の登録にあたる国家機関は、このような審査を一切せずに、当事者と担保物の表示という二つの情報のみを当事者が申請するままに受理して登録してゆき、担保物に関して担保設定者が権原を持つか否かなどという問題は、登録された担保物を取引しようとする者が、自分の責任で登録簿を手がかりにして調査し、その結果に対する責任は自分で負うべきと言う自己責任の思想に基づくものである。

このように、国家による後見的な登記制度という現在のベトナムの担保登記の実務と原理的にまったく異なる当事者の自己責任に基づくアメリカ法上の制度を、よく理解しないまま担保取引の政令の中に取り入れてしてしまったために、私が二〇〇一年二月と三月に行った現地調査によると、ベトナム人法律家がまったくこの制度を理解しておらず、担保取引登記の政令は、まったく施行できない状況にあるという問題が指摘できる。

また、コンピューターを購入し、これを保持する資金がないのに、担保取引登記の政令は、コンピューター化された中央集中の担保登録制度を採用してしまったため、施行後一年以上たっても、担保取引登記の政令がまったく実行できないという状況にある。

さらに、ベトナムの担保取引の政令第一六五号は、アメリカ統一商法典の九章の真似をして、在庫品等の動産である担保物を債務者が売却した場合は、債権者はその動産に対して追及してゆくことができず、債権者は売却金のみに追及できるという規定を置いており（同政令一七条一項b）、担保物を売却でき、担保物の売却は有効であることを前提としている反面、民法では、担保物の売却を原則として禁止する規定をおいている（民法三三四条二項など）。そのため、民法と担保取引の政令が相互に矛盾するという問題も指摘できよう。

二〇〇一年現在、ベトナム政府は民法の大改正の作業に着手し始めており、ベトナム側は、すでに多く制定されている民法関連の政令や省令のうち、うまく機能しているものを民法に取り込み、そうでないものは廃案にして整理してゆく方針であるので、以上あげた担保取引に関する諸政令の問題点は、その中で調節されていかなければならない。

現在実行されているＪＩＣＡによるベトナム法整備支援の第二期では、日本国内に、森島昭夫教授ら日本の民法学者を中心とした民法改正支援の作業部会が設置され、現地で行う社会調査とセミナーを通じ、ベトナム側の民法改正作業に対する支援作業がすでに開始されている。私もこのベトナム民法改正支援の作業部会の一員に入っているので、離任後一年間の間に三度ベトナムに出張し、ハノイ市やホーチミン市で担保法の施行状況を調査して、日本の民法学者らとともに、現地で開催されたセミナーを通じて、現行ベトナム民法の改正すべき点について指摘してきた。

2　ＪＩＣＡによる法整備支援の弱点

以上、他のドナーに比べて、ＪＩＣＡによる法整備支援はまことに結構というような論調になったが、

ＪＩＣＡによる法整備支援にも、欠点があり、他のドナーの法整備支援から学ばなければならないところがある。

その一つは、情報公開の点である。ＵＮＤＰ（国連開発計画）は、現地で行なったセミナーや外国へのスタディーツアーの様子や、セミナーで使用された資料を、写真入りでインターネットに掲載し、英語さえ読めれば、世界中の人が、いつでもどこでもＵＮＤＰがベトナムで行なっている法整備支援の活動状況の内容を知りうるという状態になっている。私の在任中、ＵＮＤＰのリーガル・アドヴァイザーであったセオドア・パーネル氏は、ＵＮＤＰは、法整備支援に関して最大限の情報公開を心がけていると言っていた。ＡＤＢ（アジア開発銀行）も、ＵＮＤＰほどではないにしても、破産法の国際シンポジウムなど、その活動内容がインターネットに掲載されている。

これに対して、ＪＩＣＡの場合、民間のＯＤＡ視察団の視察の様子がインターネットに掲載されているけれども、法整備支援に関する日越双方の合意の内容や、法整備支援のセミナーの様子や、法整備支援で使用された和文、英文の資料はインターネットに掲載されていない。現地のセミナーで使用された英語版の日本の法令やそのベトナム語訳、日本法やベトナム法に関する英語とベトナム語の資料は、私が現地にいるときに、現地のオーストラリア系のローファームに委託して英文のチェックをし、「Japanese Laws」と銘打った英越対訳の法令集とセミナー資料集という冊子の状態にして、ベトナム司法関係機関とＵＮＤＰ（国連開発計画）に配布したが、これも結局内部資料にとどまっており、ＪＩＣＡの法整備支援の内容が一般に公開されているとはいいがたい状況である。

最近、新聞や法律学会で、日本の法整備支援が取り上げられることが多くなってきているが、日本に帰国した後、マスコミ関係者や大学関係者から、現地の駐在員であった私に、ＪＩＣＡの法整備支援の内容について問い合わせがされることが多い。彼らは、ＪＩＣＡの法整備支援の内容を説明した資料が手に入らないので苦労をしている様子であり、マスコミ関係者や大学関係者から質問があるたびに、彼らに私の事務所まできてもらって、事情を説明し、私の手持ちの資料を手渡すということをしなければならなかった。

手前味噌になるかもしれないが、少なくともベトナム法整備支援は、ベトナムで行なわれているＵＮＤＰ（国連開発計画）、ＡＤＢ（アジア開発銀行）、ＳＩＤＡ（スウェーデン国際開発協力庁）など、他のドナーによる法整備支援に勝るとも劣らない内容をもっているのであるから、これを他のドナーに宣伝しない手はない。ＵＮＤＰが行なっているようなセミナーやスタディーツアーはＪＩＣＡによるベトナム法整備支援でも行なっている（現在では、カンボジアでもラオスでも開始されている）し、私が駐在しているときに、現地で三年かけて行なった家族や不動産取引に関する社会調査については英文の調査レポートが作成されており、同種の調査はＵＮＤＰ等、他のドナーは行なっていないのであるから、このような資料を対外的にも公開して、日本の法整備支援の内容を国際的にも周知させるべきではないだろうか。確かに、ネイティヴではない日本人やベトナム人の書いた資料には英語として適切ではないところがあろうし、通訳の誤訳のせいで、日本の講師の言った内容が誤って伝えられて、これがベトナム側の報告書に載ってしまっているというような点があるので、これを日本側の講師に直してもらってからでないと講師の名誉のために対外的に公開できないなどと完ぺき主義の日本人は考えるため、ついつい情報公開が遅れるのであるが、異なる言語間で意思疎通をする法整備支援においては、このようなことが生じるのは避けられないのであるから、多少のミスには目をつむって速報性のメリットを取り、日本の法整備支援の内容を広く知ってもらうことを考えるべきであろう。

以上、タックスペイヤーである日本国民に対して広く法整備支援の内容を知らせて、その評価を受け、またＪＩＣＡの活動と競合する活動を行なっているＵＮＤＰ（国連開発計画）等他のドナーにも、日本の活動状況とその法整備支援に対するポリシーを知らせるため、ＵＮＤＰの例にならい、インターネットなどを利用して、もっと情報公開を進めることを考えるべきであろう。

六　支援対象

ＪＩＣＡによるベトナム法整備支援は、森島昭夫教授がベトナム民法制定時にベトナム司法省の要請に応じて、民法の草案に対してアドバイスをしたことがきっかけとなっているので、民法を中心とする市場経済関連法の整備がおもな支援対象となっている。民法を中心にするといっても、現地のセミナーや日本における本邦研修では、民法のほか、会社法、手形小切手法、海事法、民事訴訟法、民事執行法、破産法、独占禁止法、不正競争防止法、証券取引法という、民事、商事、経済法のほか、ＷＴＯ加盟、ＡＳＥＡＮ比較法という国際法まで取り扱っており、内容は極めて多様である。

これについては、刑法や刑事訴訟法という刑事法は対象としないのかとか、憲法や行政法等の公法も対象にすべきというような意見が、日本における国内支援委員会で論じられてきた。私のベトナム赴任直前に、日本の外務省で開催されたベトナム法整備支援の国内支援委員会においては、民事法、商事法を中心とし、刑事法に関しては、ベトナム側から個別的に要望があれば、これに応えてゆく程度にするという基本方針が確認された。

刑事法の支援は民事商事法に比べて謙抑的に行なうという日本政府のベトナム法整備支援の国内支援委員会の方針の理由は、かならずしも、確定されておらず、論者により理由は異なり一定していない。ある者は、中国やベトナムのような社会主義国であり、発展途上国でもある国の刑事司法は、先進国の目からみると人権侵害にあたる例が多いので、刑事法の支援をすると発展途上国側政府の人権侵害の点に触れざるを得ないが、アメリカと中国の例に見られるように、発展途上国側の人権侵害に関する言及が発展途上国側の反発を招き、一種の外交の場である二国間の法整備支援に悪影響を与える可能性があるので、謙抑的にすべきという意見を述べていた。

実際は、刑事法に関して、JICAによるベトナム法整備支援において、私の赴任前にも刑法セミナーが現地で行なわれたほか、私の在任中、ベトナム司法省が刑法の大改正作業の主管官庁であったので、その要望に応じて、経済犯罪に関するセミナーをベトナムで二度行い、日本において、約一ヶ月に渡るベトナム司法省の職員を中心とするベトナム人研修員の刑事法の研修を実行した。また刑事訴訟法に関しても、UNDP（国連開発計画）とJICAが費用分担をして、最高人民検察院を対象にした現地セミナーを開催しており、さらに、私の離任後には、最高人民検察院がカウンターパートになったため、その要望に応じて、同院が改正の主管であった刑事訴訟法に関する現地セミナーや日本における研修が実行されているので、刑事法に関しても、かなりの量の支援がなされている。

私は、ベトナムに在任中、民事法に関して自分が行なうセミナーや民法の施行状況を調査する社会調査の実行や、日本の短期専門家の行なう民事、商事、経済法に関する現地セミナーのサポートで忙殺されていたので、刑事法の施行状況の実態調査にはとても手が回らなかったが、私の離任後に、私の後任にあたる弁護士だけではなく、ベテランの検事が現地に長期専門家として駐在したこともあり、特に刑事訴訟法の改正に意欲を持つ最高人民検察院に対する支援活動は活発になった。

確かに、ベトナム等の発展途上国の刑事司法には、先進国において市民社会が勝ち取った刑事手続きにおける市民の自由や、人権保障という観点からして問題である点が多い。

例えば、日本では被疑者の逮捕後、起訴前の勾留期間は、捜査機関とは別の第三者機関である裁判所の決定により、一〇日まで認められるのが原則で、延長しても二〇日間までしか勾留できない（内乱罪というような重大な犯罪のみ、二回目の延長が五日のみ認められる）。他方、ベトナムでは逮捕後、起訴前の勾留期間が捜査機関である検察院の判断により、原則として二ヶ月（通常犯罪）、三ヶ月（重大な犯罪）ないし四ヶ月（特別重大な犯罪）の間認められ、検察院の院長の判断で、最大三回まで勾留期間の延長が可能（二〇〇〇年の改正刑事訴訟法第七一条）という驚くべき長期の起訴前の勾留が認められる。そのかわりに、ベトナムでは、第一審の死刑判決が控訴され、控訴審判決がさらに監督審で見直されるという重大事件でも、起訴後一年もしないうちに審理が終結してしまうというように、裁判所の審理期間が非常に短いという事情があるのであるが、有罪か無罪かわからない者の自由を捜査機関が一年以上も拘束できるという構造は、公平な第三者である裁判所の裁判を受ける権利という基本的な人権を骨抜きにするものとして、問題視せざるを得ない。

また、弁護士が起訴前に勾留中の被疑者に接見できないために十分な起訴前弁護活動ができないとか、少年院や少年刑務所がないことから、十代の少年達が、麻薬犯や強盗、殺人犯の大人たちと同じ房に入れられるため、少年達は更生するどころか、かえって犯罪文化を学習してしまうというように、改善されなければならない問題点はたくさんある。

ベトナムのように、何事においても国家管理を強調したがる国においては、単に、犯罪をいかに効果的に捜査、審理し、これを抑制するかという刑事司法当局の観点からのみではなく、市民の自由を守る立場からのアドバイスも必要である。たとえば、現地のセミナー等で刑事法の法案にアドバイスをする際には、何が犯罪か刑事法の法文から判明しないような不明確な法令や不当に長期の起訴前の勾留、または弁護人の接見交通権や弁論権の不当な制限といった管理者である国家の側の問題点を指摘すべきである。

私の赴任前に、ベトナム司法省で日本の学者と検察官による刑法のセミナーが開催された際に、日本の勾留期間は一〇日が原則で、延長されても二〇日までという話を日本の専門家がしたところ、ベトナム側のセミナー参加者から、そんなに勾留期間が短いなんて信じられないという質問が出たという報告書がある。この際に、日本の専門家は、日本においては、一〇日間であっても自由の拘束をされると、勤め人であったり、商売をしている被疑者に深刻な影響がでるという説明をしているのであるが、もし、このような場合に、日本の専門家がベトナム側に同調し、一〇日、二〇日という勾留期間は短すぎるので、必要なだけ何ヶ月でも勾留できるベトナムの方が犯罪捜査のためには妥当であるなどといったら、このような市民的な自由の侵害を助長するような刑事法支援は行なわないほうがましであろう。

ただし、法整備支援が一種の外交の場であり、橋やダムや道路を作るのと違い、法律の制定・施行という相手国の主権行使の過程に直接介入するという面があることは否定できないので、刑事司法への支援に対しては、発展途上国側の反発を招かないように、人権論を露骨に振りかざして相手方から反発を買うようなことは避けつつ、日本その他の先進国の立法例やその実務の例を説明し、ベトナム側の法案や実務が、例えば罪刑法定主義のように、欧米、日本という現在の先進国では通例となっている刑事法の原則や実務の常識からあまりかけ離れたものにならないように、アドバイスをしてゆくべきであろう。

また、刑事法と同じような問題が、憲法や行政法などの公法に対する支援の問題に関しても存在する。確かに、ＪＩＣＡによるベトナム法整備支援においては、憲法や行政法の分野では、カウンターパートである司法省や、最高人民裁判所、最高人民検察院の要望もなかったので、この分野プロパーの支援は行なっていない。

これに対しては、憲法や行政法のように人権保障や民主主義という価値に関わる問題を取り扱わないのはけしからんという意見が、日本の比較法学会や、ＪＩＣＡが開催した法整備支援の公聴会の出席者から出されたし、日本のベトナム法整備支援の国内支援委員会においても、そのような意見がある。

しかし、後述するように、ＪＩＣＡによるベトナム法整備支援において刑法のセミナーを現地で行なった際、日本の専門家は、ベトナム側が作成した改正刑法の草案中、予備罪や、証券取引法違反の罪の構成要件の明確性について、罪刑法定主義の観点から問題点を指摘していたが、これは、もっとも古典的かつ基本的な人権である不明確な法令により罰せられない権利の保障に直結するものであり、その意味で、ＪＩＣＡによるベトナム法整備支援においても、人権保障の問題は、個別基本法に対する支援の中で取り扱われている。

また、公法の分野といっても、例えば、現在のベトナムのように、控訴審で裁判は基本的には終結し、控訴審の判決に誤りがあったときは、監督審が上級裁判所の職権で開かれうるという二審制度を採用するのか、それとも日本のように、最高裁判所まで上訴する当事者の権利を認める三審制度にするのかという問題や、現在のベトナムのように、地方裁判所は司法省が監督するというシステムを採用するか、または現在の日本のように、すべての裁判所を最高裁判所の系列下に置いて、司法府の独立を強調するかというような裁判制度と関連する問題については、それが憲法の統治機構と関連するとしても、民事訴訟法や刑事訴訟法に対する支援の中で取り扱うことができようし、実際、このような問題は、民事・刑事の訴訟法に対する現地のセミナーや日本国内のスタディーツアーにおいて取り扱われており、現在、ベトナムでは、日本のような三審制度に変更するか否かを検討しているほどである。

これに対して、三権分立などの統治機構の基本的な設計の問題や、表現の自由や内面・信教の自由などという人権それ自体を対象とした支援は、カウンターパートであるベトナム司法省側から支援要請もなかったため、要請主義に基づくJICAによるベトナム法整備支援では、このような問題をテーマとしてセミナーや本邦研修を行なうことはなかった。

公法の分野でも法整備支援の必要性はあるので、ベトナム側から要請があれば、公法分野プロパーの支援をしても良いと思うが、私がベトナムに赴任当初、外国人に対する警戒から司法省側から役所に毎日来るなといわれていた経験や、すでに本書で書いたように、民法の二重譲渡や善意の第三者の保護というような、およそ非政治的な技術的な問題について話そうとしただけで、ベトナムの法律家から予想外の激しい反発にあったということから、人権保障や民主主義、統治機構というような政治的色彩を不可避的に帯びる公法上の問題に関して、外国人が発言をしたときの、ベトナム側の反応や反発を予想すると、政治的な色彩を強く持つ公法の分野に対する支援を実行する際は、刑事法よりさらに繊細な配慮が要求されることとなろう。

実際、公法の分野における法整備支援に関しては、ベトナム共産党の思想教育機関であるホーチミン政治学院において、SIDA（スウェーデン国際開発協力庁）が、子供と女性の人権に関するプロジェクトを実行していたという例がある。公法の分野でも法整備支援の必要性はあると思うが、公法分野に対する法整備支援は、支援の仕方によっては、援助の受け手国との外交的な摩擦に発展する可能性があり、逆に、発展途上国の当局に迎合するような支援では、支援自体が受け手国の政府の腐敗や人権侵害を助長、温存することにもなりかねないので、また支援する側としてどのようなポリシーでこれに望むかということが厳しく問われる分野であることは、よく認識しておかなければならない。

七　日本法はベトナム法のモデル足りうるか

いうまでもなく、ベトナムは主権国家であるから、法整備を進めてゆく上で、どの外国法をモデルにするかは、その主権的な決定に基づく。

しかし、すでに、ベトナム側は、森島昭夫教授の支援から発展したＪＩＣＡによるベトナム法整備支援を通じて、民法、商法、刑法、破産法、独占禁止法という分野で、日本法を研究し、少なくともこれらの日本法のある部分をモデルとして自国の法律に採用している。

もっとも、日本は経済成長や科学技術に関しては、欧米諸国に追いつき、追い越してしまった点もあるけれど、日本の法律は、金融関連法、企業法または証券法を中心とする市場経済法における技術面、許認可官庁の許認可の基準や許認可手続きの透明性、人権保障の点、情報公開の点、市民の司法への参加や市民にとっての法制度の利用しやすさというどの観点をとっても、まだまだ欧米の法律に比べて、遅れているところも多いし、日本の経済関連法は、現在においても、第二次世界大戦時の国家社会主義的な経済統制、国家の裁量に基づく企業統制の色彩を色濃く残しているので、ベトナムのような発展途上国の法案起草にあたる役人は、自己の利権の確保のため、自分の所属する官庁の権限を拡大するという観点だけで、日本法の都合のよい部分のみをつまみ食いしようとする傾向もあるので、日本法がベトナムに受け入れられたからといって、それが必ずしもベトナムの経済・社会の発展にとってよいとは限らないという問題点もある。

他面、ベトナムのような発展途上国に、いきなり原始蓄積が終了し、成熟した資本主義国である欧米の進んだ法律を移植しても、ベトナムの現在の発展段階にそもそも適合しないことも多いし、そのような進んだ法律を施行するための人的資源や物的設備の不足のため、これを施行するのが困難で、そのような法律が発展途上国側に根付かないことが多いというのもまた事実である。その意味では、後発資本主義国としての、日本の法律制度は、近い将来に到達可能な選択肢として、ベトナムのように、市場経済法制を取り入れてゆこうとしている国のモデル法として、適切なことも多い。

以下は、いままで私が観察した限りで、日本法がベトナムの法整備に及ぼした影響、および日本法のモデルとしての適合性に関して述べておきたい。

1　民　法

ベトナムにおいては、フランス植民地時代に制定された、フランス民法をモデルとした北部・中部の二つの旧民法と、南部のサイゴン政権が制定した一九七二年の民法が過去に存在していた。現行民法の起草者らは民法の起草時にこれらの旧民法を参照しており、また一九九六年の現行の民法はパンデクテン・システムを採用する一九六四年のロシア共和国民法をたたき台にしているので、パンデクテン・システムを採用するドイツ民法とフランス民法を継受した日本民法は、ベトナムにとって体系的に大変参考にしやすい。

実際、ベトナム民法の起草の際には、ベトナム司法省は、日本の民法をベトナム語に翻訳して研究しており、ベトナム司法省の民事・経済局の局長によれば、現行のベトナム民法の中には、日本の民法中のある条文をそのまま真似て作った規定があるという。

日本の民法は、契約違反と損害の因果関係に関する英国のバクセンダール事件という著名な判例をもとにした損害賠償の範囲に関する規定（民法四一六条）を有しており、また、抵当権や先取特権においてフランス法にルーツをもつ担保の規定をもちながら、特別法の企業担保法においては、株式会社によって発行された社債に限り、これを担保する英米法のフローティング・チャージの制度を導入し、大陸法系に基づく民法と英米法の概念をうまく調和させて、実社会の需要に応じている。このような日本の立法手法は、ＵＮＤＰ（国連開発計画）やＡＤＢ（アジア開発銀行）のアドバイスを無批判に取り入れることにより、大陸法系の民法と抵触するところのある英米法流の担保取引の政令を作ってしまったベトナムにとって、参考になることが多いはずである。

2　刑事法

ベトナムにおいては、一九八五年に刑法が制定されているが、旧ソ連の刑法を受容することによりその母法であるドイツ刑法の構造を導入しているため、ドイツ刑法をモデルとする日本の刑法はモデルとしてベトナムの刑法に体系的に非常になじむ。例えば、ハノイ法科大学の刑法の教科書の因果関係の部分の記述を見ると、ドイツの因果関係の断絶の理論で論じられる事例が記述されており、ベトナム刑法がドイツ理論を承継していることが分かる。ただし、ベトナムの刑法は、社会主義刑法であるため、犯罪は犯人の反社会的危険性の現れであり、刑罰は社会防衛処分であるといういわゆる新派理論に基づいて起草されている点で、古典派理論に基づく現在のドイツや日本の刑法とは異なるということには留意しなければならない。

ＪＩＣＡによるベトナム法整備支援では、一九九九年三月にハノイにおいて経済刑法のセミナーを開催したが、一九九九年の刑法改正案の起草者であるUong Chu Luu《ウオン・チュー・ルー》司法次官らは、その際に日本の専門家より渡された日本の経済犯罪に関する罰則規定を集めた冊子（日本の法務省の法総研が作成し、ＪＩＣＡがベトナム語に翻訳したもの）を刑法改正にあたり座右の銘にしており、日本の法人処罰の規定や経済犯罪の規定を改正法に反映すべく研究中であると私に述べていた。

刑事訴訟法に関しては、ベトナムでは、一九八八年に、旧ソ連の刑事訴訟法をモデルにしたと考えられる刑事訴訟法が制定されている。ベトナムが直接モデルとした旧ソ連の刑事訴訟法がフランス法の影響を受けているためか、またはフランス植民地時代の旧刑事訴訟法の影響が残っているためかは判然としないが、ベトナムの刑事訴訟手続きは、裁判所の主導による予審調査と審理という二段階の手続き構造からなり、法令違反や事実の誤認を是正するため、検察や裁判所の職権申し立てにより判決を見直す監督審・再審制度を採用し、付帯私訴という刑事訴訟手続き内で、被害者の損害賠償請求等、民事に関しても審理をする制度を採用している。太平洋戦争終結前の日本の旧刑事訴訟法は体系的にはこれと同系列であるが、現在の日本の刑事訴訟法は、被告人を検察官と対等の当事者とし、予審を廃止して、起訴状一本主義と予断排除の原則を採用し、伝聞証拠の排除という原則を採用している点で、アメリカ法の影響を大きく受けており、体系的には直接ベトナムの刑事訴訟法のモデルとなるわけではない。

しかし、JICAによるベトナム法整備支援の第二期に入り、ベトナムの最高人民検察院が司法省に続くカウンターパートになってからは、刑事訴訟法の大改正案の起草の主管であった最高人民検察院の草案起草者らは、現地のセミナーや日本の研修を通じて、日本の刑事訴訟法を学び、日本の専門家から改正草案に対するアドバイスを受けている。

すでに述べたが、日本の刑事法とその運用は、捜査段階における自白の事実上の強要、死刑の存置、監獄における市民的自由の過度な制約等という点で、欧米の基準からすると人権侵害的なところがあり、ベトナムがモデルとするのにふさわしくないという意見がある。

確かに、日本の刑事法には、ここで指摘されているような問題点があり、ベトナムの刑事訴訟の場合、二ヶ月から一年四ヶ月という長期の勾留期間を認め、黙秘権を認めず、死刑を法定刑とする犯罪や死刑の執行も多いという問題点があるので、支援の仕方によっては、ベトナムの刑事法における人権侵害的な面が、上述の日本の刑事法の負の側面により正当化される危険性があることは否定できない。

しかし、少なくとも私が在任していたJICAによるベトナム法整備支援の第一期においては、私の見るところ日本の法務省法務総合研究所の運用により、日本法の負の部分をベトナム側に移植するというような事態は避けられたし、人権保障の観点から、守るべき最低限のラインとして日本の刑事法も、ベトナムの刑事法をより、人権保護的にするために資するので、その意味では、日本の刑事法の観点から支援をするのは必要であると思う。

JICAによるベトナム法整備支援では、一九九八年四月と一九九九年三月の二回にわたり、現地で経済刑法のセミナーを行ったが、日本の短期専門家（名古屋大学の伊藤研祐教授、法務省法務総合研究所の野

経済犯罪セミナー
名古屋大学の伊藤研祐教授と野口元郎検事

ハノイ人民委員会
埼玉大学の本城昇教授と日本の公正取引委員会の人々と

口元郎検事、榊原一夫検事ら）は、予備罪の規定や、「証券取引法に反する行為をなしたものは、懲役何年に処する」というベトナム刑法の改正案に対して、罪刑法定主義、明確性の原則から問題があるので、刑罰の対象となる予備行為や、証券取引法違反の行為を特定すべきであると指摘していた。

この直近にＵＮＤＰ（国連開発計画）が開催した経済刑法のセミナーにおいて、短期専門家として訪越したシンガポールの検察官が、まったく同様の指摘をしていたのは印象的であった。シンガポールは、車にペンキをかけたアメリカ人の少年に対して、器物損壊罪の刑罰として、おしりを棍棒でたたくという体刑を行ったという点で、人権侵害であると欧米のメディアから非難されたが、そのシンガポールの検察官でさえ、ベトナムの改正刑法案中の証券取引法違反などの規定は、明確性という点で問題があると指摘していた。日本の刑事法は、欧米諸国の目から見て人権保障の点で多少後進的であっても、ベトナムの現行の刑事法をより人権保障的なものにするのに十分役立つといえよう。

3　経　済　法

独占禁止法、競争法、証券取引法などの経済法に関しては、欧米に比べて後発の資本主義国である日本の例が、ベトナムにとってモデルとしてなじむと、ベトナム側の法令の起草者に認識されている。

現在、商務省が主管となり、独占禁止法を起草しているが、一九九九年三月に、独占禁止法のセミナーの講師としてベトナムを訪れた埼玉大学の本城昇教授らに対して、初期の独占禁止法の法案の起草者である計画投資省の中央経済研究所の研究員は、カナダなど欧米の独占禁止法を研究したが、複雑すぎて採用しにくいので、日本の独占禁止法をモデルとして草案を作成したと話していた。また、現在、競争法、独占禁止法を起草している商務省の独占禁止法の起草者は、二〇〇〇年三月にヒアリング調査のためハノイを訪れた名古屋大学の安田信之教授に対して、日本の公正取引委員会が作成し、ＪＩＣＡを通じて交付された英訳の日本の独占禁止法を研究しており、自分は旧東ドイツに留学経験がありドイツ語が読めるので、ドイツの独占禁止法も研究したが、日本の独占禁止法の方がモデルとしてベトナムに適合しやすいと話していた。

以上からして、大企業や中小企業共同組合の反競争的な行動をかなり容認してきた日本の独占禁止法や競争法は、持ち株会社に類似した機能を果たす国営総公司や独占的な国営企業の活動をある程度維持したままで経済発展をもくろみ、独占に伴う弊害を抑えてゆきたいというベトナム側の要望に適合するモデルであると認識されている。

4　会社法

ベトナムでは、企業法、国営企業法、外国投資法という法律がそれぞれ、私企業、国営企業、外国投資企業を規律している。ベトナムは、欧米、日本という先進諸国の法律を研究し、既存の会社法と個人企業法とを統合して、一九九九年一二月、企業法を制定したが、この企業法が制定される前は、会社を一つ設立するにも、地方の人民委員会から許可をもらう必要があり、肝心な許可の基準が法律で決められていなかったため、会社の設立を許すか否かは、地方の人民委員会当局の恣意的な裁量にゆだねられていた。そのため、実際、会社を一つ設立するにも、数十個におよぶ役人の判子《はんこ》をもらう必要があり、その都度「判子料」を支払う必要があるため設立費用が高く、それでも申請してから二年も三年も経過しないと、会社

会社法セミナー
名古屋大学の中東正文助教授(左)と中村聰弁護士

一つ設立できないという状況であった。

そこで、ベトナムでは、企業法の制定当時、法定の要件がそろえば、当然に会社の設立が当然に認められる方式である準則主義を採用するか否かが激しく議論されていた。JICAによるベトナム法整備支援においては、一九九八年六月に、会社法と証券取引法のセミナーを開催したが、その際、ベトナム側の法案起草者は、あえて日本の短期専門家（名古屋大学の中東正文助教授、濱田松本法律事務所の中村聰弁護士）から、日本の会社法は準則主義を採用しているという言葉を引き出して、保守的な許可主義の擁護者を牽制していた。

もっとも、ベトナムでは、私企業は未成熟で、まだ商店という規模でしかなく、企業という体裁を取っているのは、外資企業を除けば、ほとんどが国営企業か株式会社化された国営企業にすぎない。

他方、日本の会社法に関していうと、これまで、本来大規模公開会社であるはずの株式会社制度が、小規模閉鎖企業に利用されるという社会実態と法の建前を調整することに、立法者や学者が多大なエネルギーを消費せざるを得なかったためか、日本の商法の中の会社法の規定自体、まだ不備なところが多い。そのため、ついこの数年の間に、企業の統廃合の諸措置である、株式の交換、移転、会社の分割に関する規定が商法に追加され、株式市場の活性化のため、自己株式の取得制限が緩和され、さらに企業の統治のため、株主代表訴訟の見直しや社外取締役制度の導入が提言されるなど、かなり大きな改正が毎年のように行われ、また今後もさらなる改正が予定されている。このような日本の会社法は、国営企業が主要な地位を占めるベトナムの会社法のモデルに直接なるとはいえないが、欧米に比べ、後発資本主義国である日本の会社法の変遷状況は、今後市場経済を発展させてゆきたいベトナムにとって深く研究するに値するであろう。

5　民事訴訟法

ベトナムには、まだ国会で制定された法律としての民法訴訟法はないが、民事事件、経済事件、労働事件等、各種事件の解決のための法令があり、これらの法令が、日本でいう民事訴訟法の機能をはたしている。現在のベトナムの裁判制度は二審制であり、素人である人民参審員が合議体の構成員となる代わりに、判決の確定や既判力を認めず、監督審で何度でも判決を覆すことができ、検察官が民事・経済事件にも参加してこの合法性を監督し、当事者とは独立して上訴できるという社会主義的なものである。そのため、ドイツ流の日本の民事訴訟法とは体系が異なるので、日本の民事訴訟法は直接ベトナムの民事訴訟法のモデルとなるわけではない。監督審に類似する破毀院（Cour de Cassation）の手続きがあり、司法府への警戒から訴訟における検察官の役割を大きくしており、民事訴訟においても、検察官が公益上の見地から当事者とは独立して上訴できる場合のあるフランスの民事訴訟法が、現在起草中の民事訴訟法に関しては、かなり参考にされているようである。

ＪＩＣＡによるベトナム法整備支援においては、一九九八年七月に日本の短期専門家（上智大学の小林秀之教授および大阪の山口孝司弁護士）がセミナーを行い、ベトナム側の作成した民事訴訟法の第五草案に対して意見を出した。起草者である最高人民裁判所の裁判研究所の副所長の Dinh《ディン》 Ngoc《ゴック》 Hien《ヒエン》 氏は、これら日本専門家の意見のうち、採用しなかったものと、採用したものとを分けて、その理由を明らかにした文書を日本側に交付しており、日本民事訴訟法は、すでにベトナム側の起草者により研究され、立法に際して参考にされている。

なお、二〇〇〇年二月には、名古屋大学の河野正憲教授、東京地方裁判所の内堀裁判官による民事訴訟法のセミナーも開催された。私の赴任当初は、日越双方が、相手の法制度をよく知らなかったため、一九九七年に、現地で民事訴訟法と民事執行法のセミナーを行った際に、日本側の講師が三審制を前提として日本の裁判制度を説明したところ、ベトナム側が日本の裁判はベトナムと同様二審制と思い込んでいて、日本側の講師とベトナム側の参加者の議論がすれ違うということが生じていた。私の離任直前に行なわれたこの二〇〇〇年二月のセミナーでは、すでに三回、ＪＩＣＡのスタディーツアーで日本を訪れた司法省民事・経済局の局長が、日本の制度を誤解しているベトナム側の参加者に対して、日本の裁判制度を実に的確に説明し、セミナーを手際よく進行させていたが、これを聞いて、三年間の法整備支援事業を通じて、ベトナム側の法案起草者の日本法の理解が非常に深まったとの感を抱いた。

6　破産法

ベトナムには、企業の破産のみを対象とする企業破産法が存在するが、個人の破産を規定した法令はまだ存在していない。裁判所に対して破産を申し立てる件数は年間三〇件以下であり、あまり機能していない。ベトナムでは、個人は破産宣告の対象とならないため、日本のような消費者による自己破産というものは法律上存在しない。

理論上は、私営企業のみならず、国営企業も破産でき、債権者、債務者企業、労働者が破産の申立ての権利を持つが、実際は、経営者陣による会社財産の横領などが刑事事件になり、債務者の破たんが誰の目にも明らかになった後、債権者である銀行が、担保でカバーできない債権をオスバランス化するために、利用されているのみである。

フランス植民地時代から続く、有名な国営企業であるナムディン繊維会社が倒産状態に陥ったが、結局、上部機関にあたる国営総公司が融資をして救済したという事例に象徴されるように、実質的には倒産状況にある国営企業は多数あるが、国営企業に勤務する多数の労働者の雇用先を確保する必要から、これらを破産させることは殆どなく、そのため、非効率な企業がそのまま存在してゆくことになっている。現行の企業破産法の立法趣旨は、企業を破産手続により清算するというより、国営企業の破産を防ぎ、できるだけ更生させるという点に力点があったようである。

現行の企業破産法の規定によると、破産申立てがなされた後も、更生の可能性がない場合にのみ破産宣告がなされるが、債務者企業が更生する可能性はないという判断を下すのを裁判所がためらうため、破産

ハノイ司法省傘下の裁判官研修所で
同研修所のThu所長と明治大学の新美育文教授と

の申立後、債務が増えて、資産が劣化、減少し、配当が少なくなってしまうのが現状である。よって、債権者としては、費用をかけて破産宣告手続を申し立てるメリットがないことも、破産制度の利用が少ない理由とされる。

ＪＩＣＡによるベトナム法整備支援においては二〇〇〇年三月に、司法省において、名古屋大学の佐藤安信助教授によるセミナーが行なわれ、私の離任後、京都大学の谷口安平教授らによるセミナーも行われ、その後、二〇〇〇年一〇月に企業破産法の改正を担当する最高人民裁判所の裁判官らが、ＪＩＣＡによるベトナム法整備支援のスタディーツアーで日本を訪れたが、これらのセミナーや日本での研修は、企業破産法の改正案の起草を担当している最高人民裁判所の裁判科学研究所から非常に高く評価されている。最高人民裁判所の起草者らは、第一改正草案をもって日本の研修に参加したが、日本における専門家らの講義やアドバイスから多くのヒントを得て、これに基づき第一草案を大幅に改定するつも

ハノイ執行局で事情を聞く
岡山大学の田頭章一助教授と廣谷章雄裁判官と

りであると述べていた。

7　民事執行法

ベトナムには、民事事件の判決執行の法令という基本法が存在する。しかし、ベトナムでは、判決を下した裁判所の管轄地の執行局（地方人民委員会に属する行政機関）がその判決の執行を管轄するのであるが、執行対象の財産が他の管轄地にあった際の管轄の移送手続きが円滑にいかないこと、ソ連法の影響から担保に入れた財産や企業の生産用の資産に対する差し押さえを認めない等、差し押さえ禁止財産の範囲が広いこと、判決執行局の物的設備が不足していること、判決を強制的に執行することに対してベトナム人が心理的な抵抗を感ずること（特に建物の明渡し、土地からの退去の強制執行は、不可能な状況にある）という諸事情から、ベトナムにおける民事執行はあまり機能しているとはいえない状況にある。

現在、司法省が主管となり、民事事件、刑事事件双方の判決の執行を規律する判決執行法を起草しているが、性質の大きく異なる、民事と刑事の判決の執行を統一的に取り扱うことが果たして成功するか否か、今後の推移を見守らなければならない。

私の在任中、岡山大学の田頭章一助教授と廣谷章雄裁判官（一九九七年九月）および古閑祐二裁判官（一九九八年六月）による民事執行法（民事訴訟法も含む）のセミナーを現地で二回開催したが、司法省の民事・経済局の職員が、このセミナーの際に配布した日本の民事執行法のベトナム語訳を参考にして、判決執行法の草案を起草した。

ベトナムの判決執行法は、担保権の強制執行を含まないので、現在、ベトナムでは担保の強制執行が問題となっているが、金融機関の担保の執行に関する政令を起草している国家銀行の担当者の話によると、判決執行局はこの任にあたらず、債権者が公安（警察）と地方の人民委員会の協力を得て、自ら強制執行するという形態が考えられている。

判決や担保の合意が最終的に強制執行されることにより、契約や合意の実現がなされるということは、市場の参加者の計算可能性を確保するという意味で、契約により財やサービスを交換する市場経済の根幹であり、これが機能しないのでは、契約は破った方が得ということになり、契約を遵守するインセンティブがないため、いくら外国投資法を作って外資に対する優遇措置を与え、証券市場法を作って証券市場を作ってみても、結局は、市場経済はうまく機能しない。執行法の整備は、地味な分野であるが、市場経済の発展にとっては不可欠である。

8　行政訴訟法

ベトナムにおいては、一九九五年に通常裁判所の系列の中に行政裁判所が創設され、一九九六年には行政事件解決の法令が制定されている。

私のベトナム赴任前、日本の専門家によるセミナーがハノイで開催されているが、日本の行政事件訴訟法は、行政処分を知ってから三ヶ月、処分があったときから一年という短い出訴期限を規定し、土地や道路に関する行政処分や都市計画により大きな影響を受ける住民にさえ原告適格や訴えの利益を認めない門前払いの判決を許す構造を持っているので、行政が行政訴訟を通じて市民や司法からコントロールされるのを抑制している点で、日本の行政事件訴訟法は、アメリカ、ドイツの行政訴訟法やその実態と比較し、不当に行政主導的であり、市民社会実現の理念から、他国に〝輸出〟するモデルとしては、およそ妥当でない。最近の日本の司法改革に関する審議会の議論の中でも、行政事件訴訟法の大改正が提言されている。日本の行政事件訴訟法は、仮にベトナム側が望んだとしてもベトナム側にモデルとして伝えるのにふさわしくないであろう。

ベトナムでは、行政事件解決の法令が、行政決定の通知があってから一ヶ月で出訴期限が経過すると規定し（行政事件解決の法令二〇条一項）、経済事件解決の法令が、経済事件について六ヶ月という短期の出訴期限を定めており（経済事件解決の法令三一条一項）、また、民法は契約の無効原因の主張に関して一年という短期の出訴期限を定めている（民法一四五条）というように、短期の出訴期限により、司法的な救済を狭めようという立法上の傾向が見て取れるので、このような傾向を助長するような支援は慎まなければ

1999年２月船舶差し押えセミナー
上智大学の小塚荘一郎助教授と藤井郁也弁護士
最高人民裁判所の法学研究所の Phuong 所長の室で

ばならない。

9　海事法

ベトナムでは、ポーランドの海事法をモデルとしたといわれる海事法が一九九〇年に制定されている。外航船舶は外国の港に入出港し、海上貨物の運送取引が外国の貿易業者となされることから、外航船に関する海事法の分野では、国際海上物品運送に関するヘーグ・ルールズ等の国際条約に従い法律実務が動いているのが世界の趨勢であるが、ベトナムの海事法の中の海事先取り特権の規定や、船舶差し押さえの規定などが、国際条約に合致せず、機能していないという難点を持つため、現在、海事法を国際条約と調和させるべく、海事法を大改正する作業が進められている。

ＪＩＣＡによるベトナム法整備支援では、一九九九年二月に、上智大学の小塚荘一郎助教授と東京の藤井郁也弁護士を短期専門家として招聘し、現地で船舶差し押さえのセミナーを行なった。

船舶差し押さえという特殊なテーマのセミナーの開催を要求した理由は、ベトナム司法省の説明によると、以下のようである。すなわち、最近、ベトナムの船舶が、中国の海南島や広東省の裁判所に差し押さえられることが多いが、中国の裁判所による船舶の競売を防ぐために、ベトナムの国営海運会社はなけなしのお金を中国の裁判所に供託して船舶を受け戻さなければならないため、中国の裁判所によるベトナム船籍の船舶の差し押さえが、ベトナムと中国との間の国際問題になることが多い。中国の船舶もベトナムの港に入港することが多く、ベトナムの港の環境を汚染したりすることがあるので、ベトナム側はこれを差し押さえたい。しかし、中国はベトナムにとって怖い存在であるので、できるだけ、国際条約や先進国の法律をモデルとした船舶の差し押さえに関する法律を制定し、これに基づいて中国の船舶を差し押さえたという主張を中国に対してしたい。中国やベトナムに近く、四方を海に囲まれた海洋国である日本の海事法は、ベトナムがモデルとするのに適当であるというものであった。一九八八年には、南砂諸島の領有を巡り、中越海軍が交戦したという経緯もあって、中国とベトナムとの間に生ずる海事に関する紛争は、政治問題化しやすいようである。

八　社会調査の実行

ＪＩＣＡによるベトナム法整備支援プロジェクトにおける社会調査は、プロジェクト第一期の目玉ともいえる重要なスキームであったが、これを実行するのは、一筋縄ではいかなかった。

一九九七年の当初に司法省の法学研究所と協議した結果、社会調査のテーマは、土地の使用権や建物の取引状況と民法上の「家族」(ho gia dinh《ホーザーディン》) という特殊な法主体の実態の調査を行なうということで合意自体は簡単にできたのであるが、調査地の選定に関してはもめた。司法省の法学研究所の所長がこの社会調査の責任者なのであるが、彼は、なぜかハノイやホーチミン市の市内をまったく対象にすることなく、田舎だけを対象にしようとするのである。私は、当プロジェクトの目的は市場経済体制への移行に伴う法制度の整備を支援するというものであり、この国では、市場経済は都市部から始まっているので、まず都市部から調査すべきであると主張した。これに対して、司法省の法学研究所の所長は、ベトナム政府から農村部の「家族」に関する社会調査を命じられているのであるが、ベトナム政府が調査費用を出さないために調査ができないので、ＪＩＣＡのファンドでこれを行いたいという。ＪＩＣＡの専門家の技術支援は要らないので、資金のみ出せと言わんばかりである。ＪＩＣＡの技術協力スキームは、ベトナム側に資金を供与するスキームではない。ＪＩＣＡの技術移転スキームでは、日本の専門家の技術移転に必要な費用が現地費用として支出されるのみで、日本の専門家の技術移転なしに、ベトナム側の活動経費を填補することはできないのである。

司法省の法学研究所の所長は、私の要求にも関わらず、その後も調査地として農村のみをあげてくる。私は、司法省の法学研究所の所長に対して、市場経済への移行という当プロジェクトの目的からして、都市部の調査をまったくやらずして、農村部のみを選ぶということには絶対に同意できない、政府から割当てられている仕事があったら、ベトナム政府から資金をもらって、当プロジェクトとは関係のないところで、その仕事をして欲しいといったところ、さすがの司法省の法学研究所の所長も折れて、都市部と農

司法省で行なわれた社会調査の方法論セミナー
太田勝造東大教授と

村の双方を調査するということになった。

そこで、一九九七年の五月に、東大法学部の太田勝造教授が短期専門家としてベトナムに来訪し、社会調査の方法論のセミナーを開催し、その後、当研究所の研究員らと私が共同で五回、六回と調査票を作り直して調査票を完成し、ハノイで一〇〇件の試行調査を行おうとした。

ところが、いざ社会調査を実行しようとする段階になって、司法省の法学研究所の所長は、私が調査の現場に同行するのは遠慮して欲しいと言い出した。このような調査は、地元の公安の許可と同行を得ねばできないが、その際に外国人が同行するのは好ましくないという。司法省の法学研究所の所長は、社会調査からＪＩＣＡのプレゼンスを抜き去り、ＪＩＣＡは資金を出しただけで、実行はすべて同研究所が行ったという形にしたいのではないかと私は疑った。ＪＩＣＡプロジェクトにおける社会調査は、ＪＩＣＡがベトナム側の金銭的なパトロンになるのではなく、あくまでも私その他日本の専門家の技術移転の一環として行われるものであり、日本の専門家が参加しないのでは、資金を使用することはできない。司法省の法学研究所の所長のいう危険性はわかるが、質問に邪魔にならないように同行することも可能なはずなので、その方法を考えて、私が同行する機会を作って欲しいと伝えたところ、ようやく司法省の法学研究所の所長も私が同行する機会を作ることに同意した。

この経過からわかるように、ベトナム側は、短期間ベトナムに滞在する日本側の政府調査団に対するリップサービスとは裏腹に、なかなか外国の専門家を本当には受け入れないし、受け手側の常識や期待とJICAの規則や基本思想とが衝突し、長期専門家は両者の板ばさみになることも非常に多い。私は、ベトナム語を学び、一緒にベトナムめしを食ってベトナム語で冗談を言い合い、できるだけベトナム司法省側にとこけむように努力するとともに、JICA側の原則を辛抱強く何度もベトナム側に説明し、どのようにするとJICA側の規則に反しないで、ベトナム側の希望がかなえられるかについて、根気よく説明しつづけた（それでも、しばしば感情的に熱くなってしまうことがあり、司法省の女性職員によくたしなめられたが）。

九　ハノイでの調査

1　ハノイ市内

ハノイ市内の西部にあるグエン・タイ・ホック（阮大学）通りに、電気部品店が並んでいるところがある。司法省の法学研究所の所員のPさんがここに社会調査にゆくというので、私はこれに同行した。Pさんとハノイ法科大学の学生やハノイ大学の法学部の学生らが、二人一組のチームを作り、ばらばらと散ってゆく。私は、Pさんの組についていった。三件回って、質問に答えてくれたのは一軒だけである。他は税務調査と思われて、断られてしまった。社会調査をするためには、まるで、個別訪問をするセールスマンのような不屈の意思が必要だ。私は、店の中に入ってPさんが調査票をもとに質問をしてゆくの見ていたが、質問されている女性は、しきりと私を気にして、答えも上の空という感じで、調査員であるPさんの方より、私の顔ばかり見ている。そのうちに近所の人がものめずらしげに寄ってきて、見物し始め、周囲はまるでお祭りさわぎのようになってしまった。調査票の内容には、あなたの月収はいくらですかとか、土地をめぐる紛争はありますかというような高度にプライバシーにかかわるものが多い。そんなところに、外人が調査にのこのこついていって、これを公安が監視していたのでは、聞かれる側がおそれをなして、本当のことを言わず、統計的な分析の結果に悪い影響を及ぼしてしまう。司法省の法学研究所の所長が言ったことにも一理あるのである。

回収率が低いとか、本当に本人が回答したか否か判別しにくいという欠点のある質問票の郵送調査や、電話を持っている人のみに調査対象が偏る電話による質問の聞き取り調査に比べて、個別面接は、各種の調査法の中でもっとも望ましい形態といわれている。反面、個別面接の場合、フェースツーフェースの調査である点が被面接者のプライバシー感情を刺激するために、質問に対する正確な回答が返ってこないという欠点があるという指摘があるが、ここでは、私が同行したことにより、この面接調査の欠点が表面化してしまった。

これを教訓として、以後、私は人民委員会や裁判所や住宅・土地局というベトナム官庁の訪問による実態調査と統計数字の把握に重点をおき、フィールド調査に同行はするが、フィールド調査の前面にはあまりでないことにして、司法省の幹部を通じて、背後からこれをコントロールすることにした。

グエン・タイ・ホック通りの内、質問に答えてくれた電気部品店のことに戻ると、この店は、間口が一《ひと》尋《ひろ》ほどの本当に小さな店であった。女性が経営しており、夫婦ともども大学を卒業しているとのこと。夫は公務員であるが、この店は夫の名義で経営している。ベトナムでは男のほうが商売上の信用があるのでこうしたという。この店のほか、一軒の一戸建てと未使用地を所有しており、これらは相続ではなく、この商売の利益で購入した。収入は三人で働いて、月に三〇〇万ドン（一米ドル一四五〇〇ドンで換算し、約二〇七米ドル）という。調査員は、後で月収は四〇〇万ドン以上あるだろうといった。

グエン・タイ・ホック通りから北に向かい、ドイ・カン通りに調査に出た。ドイ・カン通りは、ハノイ市内の北西部にある比較的大きな通りであるが、そこから北へ小道に入ると、くねくね曲がる小道に沿って寸分のすきまもなく密集して立てられた家々が立ち並んでいる。その中に、自転車のタイヤの製造で富

ハノイの社会調査（ドイ・カン通り）
調査員の学生らと訪問した家庭で

ハノイ市内の社会調査（ドイ・カン通り）
調査員であるハノイ大学法学部の学生のインタヴュー

を作った人で、タイヤ王という名のある企業家Ｃ氏の立派な自宅と仕事場があった。彼はハノイ市内でも有名な資産家であるらしく、秘書のＨａ《ハー》さんやＴｕａｎ《トゥアン》君も彼のことを知っていた。ここでの聞き取り調査は、Ｐさんが事前に了解をとってあったので、Ｃ氏はこころよく迎えてくれた。

Ｃ氏は現在七二歳である。ベトナム政府内の保守派が私営商人に経済の停滞の責任をかぶせてこれを弾圧する契機になった一九八二年の第五回党大会後、Ｃ氏は、経営許可なしの物資売買や脱税を理由にして、三度も投獄されて、自宅の土地や建物の一部と営業上の財産のすべてが没収されてしまった。一九八三年に没収された現金は二〇億ドン（一米ドル一四五〇〇ドンで換算し約一三万七九三一米ドルであるが、インフレを考えると一九八三年当時の二〇億ドンはこの何倍もの価値があった）。一九九〇年にベトナム政府はこれを誤りであったと認め、Ｃ氏の名誉は回復され、没収された家や土地その他の財産もすべてではないが、かなり返還されたという。この経過は、一九九二年にラオドン出版社から小説になって出版されている。

Ｃ氏からはこの土地の測量図を見せてもらったが、Ｃ氏は隣人との間で土地争いがあったという。ベトナムの法律によると、測量図を作成するためには、隣人の同意書がいるので、土地争いがあると、測量図が作成できず、したがって土地使用権の登記もできない。私が、このことを聞くと、温厚なＣ氏の顔が一瞬曇り、紛争のある部分は隣人にくれてやった（ベトナム語で「cho《チオー》」）といった。さすが、タイヤ王の貫禄というところであろうか。

Ｃ氏の自宅を見せてもらったが、三階建ての家の部屋は広く、裏庭には小さなタイヤの工場があった。Ｃ氏のこの自宅は没収前は一〇〇〇平米あったが、現在では五〇〇平米しか返還されていない。いままで、タイヤの製造から得た利益で、二〇軒の家を作り、一二軒を売り、四軒を子供や兄弟らに持たせ、現在四軒を所有している。さらに、ハノイから一二キロいった郊外に、二万平米の土地使用権を取得し、釣堀を経営しているという。C氏は、自分の製造したタイヤは日本製の質のよいものとは競争できないといっていた。C氏は、タイヤ業は徐々に縮小し、不動産業に転業しているようである。

ベトナムでは、銀行に信用がないので、人々が蓄えた現金は、金やバイクや不動産という現物に向かっている。すでにベトナムではドイモイ政策の本格化後に起こったミニ不動産バブルが一九九三年ころにはじけているが、この調査から、営業に従事している世帯のほとんどが、利益を不動産の形態で保有していることがわかった。過去に銀行に預けておいたお金が、一九七五年の南部の社会主義化や一九八〇年代のデノミで、事実上引き出せなくなったり、紙くず同然となったという経験をしたベトナム人は、銀行を全然信用しておらず、まとまったお金は、金に替えて床の下に埋めたり、壁に塗りこんだりして貯蓄し、これがある程度たまると、金をさらに不動産に替えて、蓄財をするのである。よって、市民の不動産投資はすでに大変盛んであり、ハノイ等の大都市では、市内の地価を公示する新聞まであるほどである。

土地法上は、土地使用権の譲渡をする場合には、社（坊）、県（区）、地方省（中央直轄市）という各レベルの人民委員会の審査や住宅・土地局の評価手続きを経なければならず、特に農地の場合は非常に厳しい条件のもとでしか譲渡が認められない。また、登記名義の移転をするためには、譲渡税や土地使用料を支払わなければならない。しかし、実際は、このような法定の手続きを必ずしも踏まず、譲渡税や土地使用料を支払うことなく、したがって登記名義が移転されることなく、土地使用権は、銀行預金の代替物として頻繁に取引されている。すなわち、土地法の建前とは別に、土地使用権はすでに商品化しているのである。一〇回くらい転々譲渡されている土地使用権や建物もめずらしくないが、もしこれを登記しようとすると、一〇回分の譲渡税を最後の買主が負担しないと、登記できないので（譲渡税自体は、法律上売主が支払うべきものであるが、売主はこのようなものを買主のために支払わないので、実際は登記したい買主の負担となる）、土地使用権や建物の登記が進まない。

そこで、土地使用権の譲渡税を現行の二〇パーセントから（地目により税率は異なるが）引き下げ、最後の譲渡に対してのみ譲渡税を支払えば、登記ができるように、土地使用権の譲渡税法を改正するということが、検討されている（二〇〇〇年六月八日付けの政令一九号で、税率が二〇％から二～四％に減税された）。

土地の売買といっても、土地法や民法によれば、土地使用権の譲渡には、人民委員会の許可が必要であるところ、売主が土地使用権の権原を示す証書を所持していないとか、土地使用料や土地使用権の譲渡税を国庫に収めていないなどの理由で、なかなかこの正式の許可を得ることが困難であるので、実際は個人の所有権が認められている住宅を売買するという形式で、底地の土地使用権を取引していることがほとんどである。このあたりは、生活者の智恵というのであろうか、土地は全国民の所有で、実際に使用する必要がないものには交付しないというような社会主義理論とはまったく別個に、社会的な需要を満たすための土地の取引慣習が生ける法として機能している。

人口稠密なハノイやホーチミン市内などでは、日本で生じたような土地バブルが生じる恐れが強く、ベトナムの銀行の審査力のなさ、友人・知人などコネのあるものに安易に融資してしまう傾向、銀行が融資の際に土地・建物の担保に過剰に依存する傾向があることを考えると、不動産バブルがはじけたときの銀行や経済に対する影響は日本以上になる恐れがある。

また、ベトナムでは、土地使用権が公務員の幹部クラスや商人を中心とする一部の富裕層に集中する傾向があるのに、相続税がないし、所得税や土地譲渡税の実行率も非常に低いので、このままでは土地を持つ者と持たざる者との間で、貧富の差が激しくなることが予想される。

日本政府は、ＪＩＣＡによる法整備プロジェクトや通称「石川プロジェクト」という市場経済化支援プロジェクトで、ベトナムの市場経済体制への移行を支援しているが、市場経済においては、周期的にバブルが生じ、これがはじけて社会不安を生じさせるので、ベトナムは日本のバブルの経験に学ぶべきである。田中角栄の列島改造時の不動産バブルや平成バブル等で痛い経験をしており、人口稠密で都市における人口集中度が高いため都市の地価が高い日本は、アメリカ、カナダ、オーストラリアのように広大な土地があるところと異なり、社会条件の類似性という点でも、ベトナムの反面教師としては最適である。

2　ハノイ郊外での調査―ドン・アイン区

ハノイの北に流れる紅河を渡るとそこはドン・アイン区である。ドン・アイン区は、政府により、工業地区になることが予定されているところで、農村の中に、重化学関係の大きな国営工場や外国との合弁企業の工場が所在するところである。

ここには、司法省の法学研究所の所長と、所員のＰさんおよびＰさんの教え子であるハノイ大学の学生らと調査に出かけた。

まず、ドン・アイン区の人民委員会に挨拶に行き、人民委員会の委員長に調査の目的と、調査対象地を説明すると、委員長より、同地区の土地利用の現状に関して説明があった。同委員長によると、ドン・アイン区では、すでに一万世帯（個人ではなく、家族を単位として）以上に、通称〝赤本〟と言われる人民委員会が発行する正式な土地使用権証明書が発行されているという。

ハノイ　ドン・アイン区の農家でのインタビュー

ハノイ農村部の調査
ドン・アイン区 Nguyen khe(グエン・ケー)社

私は、ハノイの市内の住宅・土地局を訪ねた際に、ハノイ市内ではまだ個人や家族には土地使用権証明書が発行されていないと聞いていたので、なぜ、ドン・アイン区ではこれが可能なのであるかと同区の人民委員会の委員長に質問した。委員長いわく、土地使用権証明書の発行の条件のひとつとして、長期間安定して土地を使用していることという条件があるが、ドン・アイン区のような農村では人口の移動は少なく、人々は先祖代々農地を長期間安定的に耕作し、居住してきたので、人口の流入が激しく、フランス植民地政権の支配、国の南北の分裂、その後の社会主義化という政権の変化に伴う土地所有・利用関係の変動の激しいハノイ等の大都市より、土地使用権証明書を発行できる条件がそろいやすいという。ドン・アイン区では、革命に功績のあった村を優先して、村単位で、その村の家族に一挙に土地使用権証明書を発行するという集団的な登記手法を採用しているという。

このようなフィールド調査を外国人が行うということは、一九九〇年代の前半であればまだ認められなかったと思う。一九九〇年代の始めにベトナムに赴任した人達は、ハノイからノイバイ空港に客を迎えに行くのにも公安の移動許可を得なければならなかったという。

当プロジェクトの場合、正式には、司法省の法学研究所が、中央政府の人事院に、ハノイまたはホーチミン市のある地域で社会調査を行うことに対する許可を申し出、人事院より当該地方の人民委員会と公安に、当該調査の許可の依頼書が送付されるという手続きを取っている。司法省にＵＮＤＰ（国連開発計画）から派遣されているアメリカ人のＪ弁護士にフィールド調査に行くと話したら、彼はものすごくうらやましいといって羨望の目で私を見た。Ｊ弁護士は、一九九四年からハノイに駐在しているのであるが、アメリカ人である彼には、このようなフィールド調査は許されないらしい。

ドン・アイン区の人民委員会を離れ、いよいよ農村のフィールドに出る。つぎに訪れたのは、Nguyen《グエン》

ハノイ農村部の調査　ドン・アイン区のお寺にて

ハノイ農村部の調査　調査員の学生５人と
ドン・アイン区 Nguyen khe（グエン・ケー）社

Khe《ケー》社のSon《ソン》 Du《ズー》村で、Pさんの教え子であるハノイ大学社会学部の学生のT君の実家である。T君の父親は、この社（最小の行政単位）の人民委員会の副委員長である。T君のお母さんが庭からもぎたてのバナナを取ってきてくれたので、食べてみると、なんともおいしい。いままで食べたすべてのフルーツの中で、もっとも美味といえるものであった。T君の実家の周りを中心にして、一〇人の調査員が五チームに分かれて調査に入った。T君のお父さんが出てきて、Pさんに息子がお世話になっていますという。通常、特に農村の調査というのは、政府が神経質になって外国人にはなかなか許可しないのであるが、地元の当局関係者の懐に飛び込んだ形であるので、外国人の私が参加する調査でも許可されたものといえる。

私たち調査団は、今度は自動車に乗って、国道沿いの市場の横にあるお寺に入っていった。この寺は、非常に古く由緒ある寺であるが、一九四七年にフランス軍により焼き払われたので、一九八八年に地元の人が再建したものであるという。この寺の焼失後、地元の政府はこの土地を合作社に交付し、ここは市場となった。地元の人々は、この寺の土地使用権は自分たちが先祖から相続したものであるとして、この土地を明け渡すように裁判所に訴え、この事件は控訴審まで争われた。この件をめぐり、この寺の檀家にあたる地元の人々と当局の間に衝突が生じ暴動が起こり、これを鎮圧するため、地元の警察が外部との交通を遮断したりしたとのこと。結局、地元の人はここに寺を再建することができたが、まだ寺の入り口に土地紛争が残っており、相手側が嫌がらせのため、入り口のところに盛り土をして、寺に門から客が入れないようにしている。農民と合作社が寺の土地の権利を争うというおよそ社会主義国らしくないこのような状況を、地元の老人たちから聞き出したのは、T君である。老人たちは、T君の父親が近隣の社の人民委員会の副委員長であることを知っており、T君に自分たちの主張をしきりと訴えていた。T君はこのような地元の人たちの要望を文章にまとめて人民委員会に提出することを助けてあげたこともあるという。T

ハノイ農村部の調査
ドン・アイン区 Kim No(キムノー)社 To Da(トーダ)村

ハノイ市ドン・アイン区の寺　ハノイでの社会調査
合作社との土地争いがあり嫌がらせの土盛りが入口にある

君の大成を祈りたい。

その後、ノイバイ空港の南東に位置するKim No《キムノー》社のTho Da《トーダー》村の近くまで自動車で行き、その写真をとった。一見、何の変哲もない典型的な北ベトナムの田園風景であるが、実はここは現地の英字誌であるベトナムニュースでも報道されたように、土地の明渡しをめぐり、地元の住民と軍隊、警察が激しく衝突したところである。後日、この社会調査の調査員であるハノイ大学の法学部の学生らが、調査のためここに立ち入ったところ、地元の若者らがおまえ達は政府の回し者だなといって学生らを取り囲み、学生らが殴られそうになったと報告があった。地元の老人のとりなしで解放してもらったが、とても怖かったという。

この村は、事実上ロックアウトされており、よそ者は公安職員以外この村に出入りできない状態であるとのこと。司法省の法学研究所の所長が、私がフィールド調査に行くときは身元の安全のために公安職員が同行する必要があるといっていたが、司法省の法学研究所の所長のいうことも一理ある。

T君から、このTho Da《トーダー》村で起こったことについて事情を聞いた。韓国系の財閥である大宇が、ここにゴルフ場を造成する計画を立て、ベトナム政府はこれに対して投資許可を与えた。地元の当局が決定した明渡し料は、一SAU《サウ》（三六〇平方米）あたり一二〇〇万ドン（一米ドル一四五〇〇ドンとして、八二七米ドル）であるが、実際は農民には四〇〇万ドン（約二七五米ドル）しか支払われないとのことであったので、地元の当局と農民が交渉したところ、地元の当局は、八〇〇万ドンまでは支払うという妥協案を出した。紅河デルタは人口稠密で、農民一人あたりの耕作面積は一SAU《サウ》くらいと極めて小さいので、この程度の補償金をもらっても、移転後の生活に困ろう。地元住民の同意なしに、ゴルフという外人の遊びのために、貴重な農地をつぶし、大宇に土地を利用させることを許したことに対し農民の怒りが爆発し、農民は実力行使にでた。政府は、軍隊と警察隊を導入したが、農民は、警察の車や建設用のトラックを焼き払い、軍隊のタンクを落とし穴に入れて、ガソリンをかけて焼き、弓矢を使用して警察隊を殺傷し、これに抵抗した。地元の農民の結束は固く、抵抗運動に参加しない農民は、当局の分断策に迎合する裏切りものとされ、その家を焼き払われたり、所有する水牛が殺されたり、作物が荒らされたりするので、地元の農民は抵抗運動に参加せざるを得なかった。地元の農民は、社の人民委員会の委員長の家を焼き討ちし、県の人民委員会にこれを更迭するように申し入れた。結局、政府は、ここの農民の土地を取り上げることをあきらめたという。

また、Tien Duong《ティエン ズオン》社のCo Duong《コー ズオン》村では、合作社がレンガ用の土を採集していた土地の使用権をもっていたが、合作社が赤字になったので、合作社の社長がこの土地を合作社の他の社員の同意なく売却してしまった。この土地を取得した道路建設会社が、その土地から土を持っていったので、トラックがほこりを撒き散らし、道路際の家を損壊したりしたので、地元の住民がこれに怒り、トラックを焼き討ちしようとしたりした。県の人民委員会の委員長がここを訪れ、社長を横領の罪で告発し、刑事裁判にかけるといったが、その後、社長に対する刑事裁判手続きは開始されなかった。

以上、土地法上は、農地の交付は地方の「省」(日本の都道府県)の作成した土地利用の基本計画に従い、「省」の下部行政組織である「県」(Huyen《フェン》、日本で言えば、東京都千代田区の「区」)級またはその下の「社」(Xa《サー》、町村)級の人民委員会が行うとされているが、いずれも、地方の政府の幹部らが、私利を図って、農民らの同意を取らずに土地の明渡しをせまるときに、決まって激しい抵抗運動が展開されているのがわかる。長老に指導された農民らが弓矢を使って重火器やタンクで武装する軍隊や警察隊に抵抗するありさまは、悪徳代官ゲスラーの軍勢に抵抗するウイリアム・テルという様相を呈する。しかし、農民の抵抗といっても、我々が想像しているより、ずっと組織的で、軍隊とも互角に戦うことができるほどのものである。これには理由がある。この抵抗運動を指導しているのは、お寺で話をしてくれたような人のよさそうな愛想のよい田舎の老人たちなのであるが、実は彼らの多くは、抗仏、抗日、抗米戦争でゲリラ戦を戦いぬいた大ベテランなのであり、革命の英雄という称号をもらって、勲章もたくさんもっており、地元では尊敬され大事にされている。彼らにとっては、戦車を落とし穴にいれて、出てきた兵士を弓で射殺し、ガソリンをかけて焼き払うという芸当は抗仏戦、抗日、抗米戦において〝昔取った杵柄《きねづか》〟であり朝飯前なのである。人民委員会の委員長や幹部といっても、老人達にいわせれば、なんとか村の洟垂《はなた》れ小僧でしかないし、軍隊といっても、老人達は何年もその軍隊にいて、その主人公であったのであるから、おそれはしない。実働部隊になる四〇代くらいの農民たちも、抗米戦争や中越戦争、カンボジア侵攻に従軍した者が多く、米軍の戦闘機を射程距離に入るまで引き寄せておいて機関銃で撃墜したというような勇者も少なからずいるのであり、実戦経験者が多い。他方、政府側の農民に対する態度はきわめて弱腰であり、中途半端だ。社会主義の政府というと一見、強面《こわもて》のように思えるが、ベトナムの草の根民主主義は意外に強く、政府は、市民や農民に対して強制力を使用することはできるだけ避ける傾向がある。この点は、同じ社会主義でも中国とは大違いである。ブルジョワの遊びであるゴルフのために、先祖代々耕してきた貴重な農民の農地を取り上げ、おまけに農民の犠牲において政府の幹部が私利を図っているという農民のもっともな批判の前には、農民と労働者の代表であるはずの政府は、強硬手段にでられないのもうなずけよう。

このような、腐敗した地元の政府幹部に対する農民の抵抗は、散発的に生じており、一九九二年には、ハノイの南部のクアン・ロック村では、地方の人民委員会や公安の幹部らが農民から集めた農業税を横領したり、高い電気代を取り立てたり、親族にのみ条件のよい土地を割り当てたりしたため、怒った地元の農民達が、退役軍人である長老の指導のもと、三人の地方の幹部らを数ヶ月にわたり逮捕、監禁するという事件が生じた。ハノイから地方の幹部を救出にきた公安職員に対して、地元の農民達は、村の周りに垣根を作り、地方の幹部らを実力で奪還しようとすれば、その幹部達を殺すといって、釈放の要求に応じなかったという（Vietnam Notebook, second edition, by Murray Hiebert, 1994, Far Eastern Economic Review Publication, p.160）。

最近散発しているこのような北部ベトナムの農民の抵抗運動の最大のものは、ハノイの南東にあるタイビン省の農民の抵抗運動である。当初、政府はこれを隠蔽していたのであるが、在ベトナム日本大使館から日本人のボランティアに対して退去勧告が出されるまでに事態が悪化し、読売新聞など日本の国内の新聞にも報道されて、隠しきれなくなった事件である。発端は、地元の人民委員会の幹部が、道路の使用料を農民から取り立てたのに、そのお金を自分達の自宅を建設するのに流用したということであった。タイビン省は、紅河デルタの真中に位置し、昔から農民は貧しく、労働が苛酷で有名な地方である。また、ベトナムで始めてソヴィエトが組織された地であり、革命発祥の地でもある。

私は、日本大使館から、タイビン省で農民の暴動が起こったので、近寄らないようにという勧告があったことでこれを知ったが、当時は、農民が人民委員会に押し寄せ、幹部を殴ったという程度しか聞いていなかった。しかし、香港のBBC放送によると、タイビン省の農民の抵抗運動は、もっと組織的なものであったようだ。農民達は、始めはバイクに抗議の旗を立てて中央官庁を訪れ、平和的に請願をしたのであるが、タイビン省の幹部がこれを聞き入れなかったため、まず農民達ははじめに人民委員会の無線局を襲撃して、メディア機能を奪取し、無線により人民委員会の悪政ぶりを省民に訴えたという。まずメディア

ハノイ大学法学部副学部長
Giao 氏のダイニングで夕食

機能を奪取するという手法は、タイビン省の革命勢力がフランス植民地政権に対して取った革命戦の基本戦法であり、当時のゲリラ戦の経験のある長老がこれを指導し、腐敗した地方当局に対する抵抗運動に応用したということである。これは、農民の暴動というようなものではなく、組織的な抵抗運動である。

北ベトナムの農民の草の根パワーはおそるべきであり、彼らをなめてはいけない。一見同じように貧しく見えても、インドやネパールの農民などとは異なり、北ベトナムの農民は、いざとなれば、軍や警察と互角に戦うほどの底力を秘めている。

この北ベトナムの農民達は、確かにキャッシュフローの観点からは貧しいが、自宅を所有し、自分達で食べてゆくための田畑を所持・耕作して自立して生活しており、アセットベースでは決して貧しくないし、識字率が高く、権力に対する批判能力を持った市民層であるという点で、彼らは将来、市民社会と市場経済が発展してゆく際の主体となりうる資格を持つと期待できよう。

3　T工業区

ドン・アイン区にあり、ノイバイ空港の南にある日本の大手商社が開発したT工業区をたずねた。ここでは、現地社長のYさんや担当のSさんが現場を見学させてくれ、説明もしてくれた。ここの工業区では、土地の買収はすでに終え、現在、紅河から砂を取って、盛り土をしている段階であるという。

Y社長によると、盛り土のため、人民委員会から許可をとって紅河から砂を取っていたところ、砂州で農業を営んでいた農民から補償をせよという要求を受けたという。この砂州は、農地ではなく、農民は人民委員会の許可を得ずこれを占拠しているので、彼らの土地の使用は合法なものではない。しかし、農民達は、この砂州の土地使用は違法であるが、税金を支払う必要がないが故に、この砂州の土地の価値は非常に高いので、これを収用する際の補償料も高いのが当然と主張したという。きわめて、ベトナムチックな主張である。

また、投資許可を受けた土地を造成しようとすると、その先にいきなりお墓ができるということがおきたという。住民が立ち退き費用を多く請求するために、わざと作ったらしい。お墓は、土葬にしてから三年後に掘り起こして改葬するので、一旦作ってしまうと三年も動かせないということになる。この地の投資許可は合法に取得したのに、このようなことが頻発したので、これは地元の公安に依頼して解決したという。

さらに、造成の際の面白い話も聞いた。この工業区は空港の近くに位置するので、抗仏戦争やベトナム戦争の際に投下された不発弾や地雷が埋まっている可能性があるため、造成の前にベトナム人民軍に依頼し、不発弾等の調査、処理をすることになっている。処理費用は、一発約一〇〇万円であり、処理の際には、投資家の代表が呼ばれ、目の前でドドンと爆破してくれるそうである。一〇発処理したから、一〇〇〇万円という請求が来るのであるが、ドドンという間に何発鳴ったかはわからないので、言い値で支払うしかないとのことである。

十　ホーチミン市での社会調査

1　ホーチミン市内

(1)　住宅・土地局、最高人民裁判所支部

一九九九年の四月になって、司法省法学研究所のPさんら一行と、ホーチミン市周辺の社会調査に出た。ここでは、ホーチミン市の人民委員会に属する住宅・土地局、最高人民裁判所ホーチミン市支部、国営不動産取引・開発会社、ホーチミン市司法局をたずねた。以下は、これらの機関で聴取したことである。

一九九六年に施行された民法には、土地使用権に対して抵当権を設定した際には、その登記をしなければならない（三四七条二項、七三一条二項）と書いてあるが、ハノイの市内では、土地使用権に抵当権を設定した人が、登記をしようと思っても、市の人民委員会の住宅・土地局が、手続き規定がないことを理

▶ホーチミン市司法省局に供与したLaw Data system用コンピューター

ハノイの建物・土地局のいわゆる「赤本」と呼ばれる土地使用権証明書を打ち出すパソコン――ハノイ・ホーチミン市では、土地登記のコンピュータ化が実施されつつある▼

ハノイ土地管理・住宅局にて

由に、その登記を受け付けないということが生じた。

私が、ホーチミン市では土地使用権に対する抵当権の設定登記の申請を受理するかと聞いたところ、ホーチミン市の住宅・土地局の局長は、事情はハノイ市内と同じで、土地使用権に対する抵当権を設定する手続きが不明なので、その登記の申請を受け付けられないという。民法には土地使用権に対して抵当権を設定したら登記すべきと書いてあり、これは法律上の義務なのであるが、義務を履行しようと思って、人民委員会に出かけると、受理されないのである。ベトナム法には、このようなものが多く、法律はあっても実際は執行できないことが多い。法律を具体的に施行する細則を同時に制定せずに、具体的な手続きを欠く法律だけを先に作ってしまうので、運用する任にあたる公務員が施行できないことがしばしば生ずるし、また登記官の育成や登記所などの物的施設を配備しないままに、登記すべきという法律を作ってしまうので、物的・人的インフラが法律の施行に追いついていかないことも多い。

ホーチミン市の人民委員会は、市内の都市部の個人や家族に対しては、まだ通称〝赤本〟という正式の土地使用権証明書を発行しておらず、個人や家族が持っている土地証書は、一九七五年前の旧南ベトナム政権やフランス植民地当局の発行した土地証書が多い。しかし、どの種の証書を有効として土地使用権に対する抵当権の登記を認めてよいのかに関する政府のガイドラインがないため、登記にあたる当局は、土地使用権の登記は受け付けないという態度をとっていたと聞いている（その後、一九九九年三月二九日付けの政令一七号で抵当権設定の手続きが明確になり、ハノイ市内やホーチミン市内でも土地使用権に対する抵当権が登記されはじめたという）。

また、ホーチミン市は、中央政府の言うことを聞かないといわれるが、この調査のなかでもこのような現象には何度も出くわした。

例えば、競売機関の例をあげよう。判決執行のための競売機関に関しては、すでに一九九六年一二月一九日付けの政令八六号が施行されており、この政令は、各地方省が国家機関としての競売所を設立してもよいし、また会社の形態で競売会社を設立してもよいとしている。しかし、司法省は、省令を制定し、政令八六号にもかかわらず、各地方省は、会社の形態でなく、司法局の監督下にある競売所を設置すべきと規定した。

私が、ホーチミン市の司法局で、この話をしたら、司法局長は、ホーチミン市では、競売会社の形態で、競売機関を設立するといっていた。私が、司法省の省令の話をしたら、ホーチミン市の司法局長は、鼻白んだ表情で、省令より上位の政令が、国家機関でも、会社の形態でもよいといっているので、それに従っているだけであるといい、競売会社を許さない司法省の省令などに、従う必要はないという態度を見せた。

私が、ホーチミン市から帰ってからこのことを司法省に話したら、これを伝え聞いた民事・経済局の局長

ホーチミン市内コンチネンタルホテルの中庭◀

▶ホーチミン市コンチネンタルホテル――一八八〇年創業のしにせ

ホーチミン市フローティング・レストラン――商工会議所のＴａｎ弁護士と◀

は激怒していたらしいが、といって、ホーチミン市の司法局が、司法省の省令に従ったという話も聞いていない。

ホーチミン市の政府機関の幹部は北部の出身者が多いのであるが、一旦、ホーチミン市に赴任すると、中央から支給される給与が最低限の生活を賄うにも足りず、各部局が事実上の独立採算制で存続しているので、部局単位でホーチミン市独自の規律を作ってしまう。経済規模の大きいホーチミン市では、他の地方と違い、動くお金も大きいので、このような独自の規律を作ることを容認する基盤がある。ホーチミン市の役人は、たとえ彼らが北部出身の人間でも、ろくに予算をよこさない中央の指令のうち、都合の悪いものは無視してしまうという実態がある。ハノイの開発関連の役人が、ホーチミン市に開発プロジェクトをもってゆくことに抵抗する理由もわかる。一旦、ホーチミン市にプロジェクトがいってしまうと、北部出身の人物を派遣したとしても、もはやハノイからコントロールをするのが難しくなるのである。

ホーチミン市内で調査を行っていた一九九九年四月に、ちょうどベトナム政府による全国規模の国勢調査が行われており、ホーチミン市のある地区の調査員が、ナイフで脅されたという事件が起こった。二人っ子政策を取っているベトナムでは、三人以上生むと、刑法上罰せられるわけではないが、国家の政策に協力しないということで、社会生活上なにかと不利益をこうむるらしく、これに対する反発がこのような抵抗になったらしい。

司法省の法学研究所のPさんは、ホーチミン市の人民委員会から、社会調査の調査員が、国勢調査員と間違えられて、調査対象の人から危害を加えられないように注意するように言われたといっていた。

社会調査に参加した司法省の法学研究所のPさんと副所長のMさんという二人の女性が、私の泊まっていたベンタイン市場の西側にあるニューワールド・ホテルの周りを歩いていたところ、二人とも、片から

1925年創業のホーチミン市マジェスティック・ホテル
開高健の常宿であった

マジェスティック・ホテルの一室

掛けていたハンドバックをひったくられそうになるという目にあった。Mさんの方は、バックを引っ張られたため、もんどりうって道路に打ち付けられて、腕を何針か縫うような大けがをしてしまった。彼女達は北部出身であるが、〝大都会サイゴン〟に行くというのでしゃれた格好をしてゆきたいという女心が働いたからであろうか、フィールド調査に行くのにＴＰＯをわきまえず、パーティーにゆくような派手なロングドレスやフリル付きの帽子を身に付け、ネックレスやイヤリングなどのアクセサリーをチャラチャラつけてホーチミン市内を歩いているので、外国人の私が見てもカモがネギをしょって来たという状態で、非常に目立っており、強盗の標的になるのは当然である。地元の人間にしてみれば、小金のありそうな生白い〝バッキー〟女が（「北圻《バッキー》」、元は北部の意味であるが、南部人がいう場合は北部人の蔑称）、ひったくりの多発地帯であるベンタイン市場の周りで、いかにも札束の入っていそうなバックを下げてのこのこ歩いているので、強盗に合わない方がおかしいと思うであろう。

ただし、かく言う私も、この社会調査の時に、ニューワールド・ホテルのすぐ東にあるベンタイン市場の前で、シクロという人力車に乗っている最中に、持っていた鞄を、バイクに乗った二人連れにひったくられそうになった。つい、反射的に鞄を引っ張り返したところ、相手がバイクから転げ落ちそうになって手を離したから良かったが、ここのベンタイン市場でその前の年に殺されたオランダ人の女性は、ちょうどこのように抵抗したため、麻薬中毒者であった犯人にナイフで刺されたので、あとから考えるとぞっとした。

治安の良いといわれるベトナムであるが、ホーチミン市の治安は、近時悪化している。ホーチミン市での社会調査は、ハノイと比べて、公安による監視がなされていたという感じを受けたが、ホーチミン市ではこれが外人の身元の安全ためというのも、あながちそうではない状況がある。

Ⓐホーチミン市社会調査第５区プラスチック加工業，Ⓑホーチミン市第５区で面接しているところ—革命の母の称号を持つおばあさんと面接，Ⓒホーチミン市都市部の社会調査(第５区)，Ⓓホーチミン市第５区の社会調査(右は調査員中央が福健華僑の戸籍係のおばさん)，Ⓔホーチミン市タンビン区(売地の看板「10m×４m＝3.5cây12m×４m＝4.5cây 合法な書類あり。幹線道路は広く８m、居住区」と書いてある)(cây は金(きん)の単位)，Ⓕホーチミン市社会調査タンビン区の農村部で面接しているところ，Ⓖホーチミン市第５区社会調査，「革命の母」にご挨拶

ホーチミン市タンビン区社会調査で、秘書のＨａさんと司法省の調査員、たわわになるジャック・フルーツの木の下で

ホーチミン市社会調査第５区
今から面接するところ

(2) ホーチミン市第五区

役所の訪問を終えた後、都市部を代表するホーチミン市第五区のホアビン市場一体のフィールド調査に入った。まず都市部の「坊」（特別市における最小行政単位）の人民委員会に仁義を切りに行くと、人民委員会に勤務する公務員としてはめずらしい福建華僑という戸籍係りのおばさんがいて、私たちをガイドして、調査に同行してくれた。まずは、このあたりを仕切っていると思われる「革命の母」としてベトナム政府から表彰されているおばあさんの家を訪ね、不動産の取引状況等について、アンケートを取った。

第五区の第五坊のあたりは、自宅を改装して、狭い敷地で、紙やプラスチックや金具の加工をする家内工業を営んだり、雑貨や食料品の小売という家族経営の商売をしているところが多い。

私は、ハノイでの教訓から、今度はフィールド調査の前面には出ず、調査員がインタビューをしているのを横目で見ながら、近くの茶店でカフェースアという練乳入りのコーヒーミルクを飲み、南部ではコーヒーについてくる香りのよいジャスミンティーをすすって、乾きを潤した。この茶店では、「坊」の人民委員会から派遣された福建華僑のおばさんと駄弁って、この地区の華僑の状況や一九七五年以後の状況などを聞きだすことに努めた。

2　タン・ビン区

タン・ビン区は、ホーチミン市北部の郊外にあり、農村部が急速に都市化している地区である。司法省の法学研究所のPさん達と、まずはタンビン区の人民委員会に行って、調査の旨を伝え、区の不動産取引や不動産登記の実情について、事情を聴取した。

つぎにフィールドである同区の第一六坊の人民委員会にいって、調査の旨を告げて、フィールドに出る。第一六坊の土地管理課の人によると、この第一六坊のあたりでは、農地を人民委員会の許可なく宅地や工場地に変更してしまう例が多く、問題であるという。日本的に言えば、無許可で農地を転用してしまうということである。この人民委員会の敷地内には、警察署もあって、トイレを借りるために、その横を通ったら、暑いので開け放たれた部屋の中で容疑者らしき人が尋問されていた。今回は、外国人の保護のために警察官が同行するとのこと。ハノイでの調査より、当局の監視がキチンとなされているという感じを受けた。

ここタン・ビン区は、農地が急速に宅地化している地区であるためか、不動産仲介業者により、土地の売却価格を金の単位で表示した看板が、道路のいたるところに立てかけてある。単位は、金の目方で表示されており、土地の売買が現金でなく、金で行われていることが分かる。

憲法や土地法には、土地は全国民の所有などと書かれており、土地法の議論をする際にも、かならずこの議論が出るが、ホーチミン市のこのような状況を見ると、土地公有論の空虚さがよくわかる。土地の所有権が全国民による所有でも、土地の使用権が譲渡性を持てば、土地の所有権が個人や法人に認められたのとなんのかわりもないからである。例えば、現在でも、イギリスの土地の所有権は女王に属し、人民は女王から fee simple などという封土権の保有を許されているに過ぎないと解釈されている（マレーシア、シンガポール、香港という旧イギリス植民地でも同様と聞く）のであるが、イギリスというのは資本主義発祥の地であり、所有権ではない封土権というような一種の土地使用権でも、譲渡性があれば、市場経済の基礎足りうるのである。

私たちの乗った自動車は、田んぼの畦道《あぜみち》のような赤土のでこぼこした悪路を腹をすりながら進んでゆく。Pさんと自動車の中で話したところ、タンビン地区のこの地域の住民は政府の役人を嫌っており、このような調査はなかなかやりにくいという。南北統一後に、土地改革などで、政府から弾圧された経験があるからしい。坊（都市部における最小の行政単位）の人民委員会のおじさんが、バイクで先に農家に行き、農家に到着した私達を紹介してくれた。公安が、私の身元の保護のために、見張ってくれていると聞いたので、時折、写真を撮るふりをして、それらしい人がいないかと周りを見回したが、あたりには水牛と水鳥が見えるだけで、まったくそのような気配は感じられなかった。Pさんに聞くと、公安は必ずどこかにいるが、完璧にカモフラージュしているので、こちらは分からないだけであるので、気にしなくてもいいという。

調査員が質問をしている間、私は、Pさんと一緒に農家の庭先にでた。黒々として見るからに肥沃そうな土に、マンゴー、ランブータン、ドリアンなどいろいろな熱帯フルーツの木が植わっている。ハノイにもあるジャックフルーツ（ベトナム語でミット）の木がここにもあったが、実のつき方がまるで異なる（植物学上異なる種なのかもしれないが）。ハノイのものは、木の幹から一つ、二つ実が出ているだけであるが、ここのものは、腕の細さくらいの枝の一つの場所から、子供の頭くらいの実が五つも六つもついており、ひとつの枝からこのような実の集団がいくつも発生して、もう全て木の実だらけという状態になっている。これが、肥沃なメコンデルタなのかと実感した。

その夜は、司法省のホーチミン市支部の職員と調査員を交えて、メコン川のほとりにある郊外のレストランで夕食会が催された。なま暖かい空気のなか、メコン川を望む露天の草地にテーブルを出して、地元のサイゴンビールを飲む。巨大なうちわのようなウォーターココナッツの葉の向こうには、流木や巨大化したホテイアオイを運んで悠々と流れるメコン川があった。空には満点の星座が瞬き、蛍がスーっと空中を走ってゆく。南国情緒を強烈に感じた。

その後、レストランの一角にあるカラオケ場で、司法省の法学研究所のPさん達や司法省のホーチミン市支部のベトナム人たちがカラオケ大会を始めた。Pさんは調子外れの歌を恥ずかしげもなくがなりたてる。静寂をおそれるキン族のカラオケ好きには、閉口するばかりである。虫の音に風流さを感ずる大和民族である私は、修羅場と化した騒がしいカラオケ場を早々に離れて、夜の庭に出た。ひんやりとした庭にはコオロギのすだく音が快く響き、煌々たる星空に、いくつもの流れ星がこぼれ落ちるように走っていった。

ゲアン省ホーチミンの生家

3　クチ区

クチ区は、ホーチミン市の北東にあり、サイゴン陥落前の激戦地である。ここは、農村部であり、現首相のファン・バン・カイの出身地でもある。クチ区では、調査を委託したクチ区の人民委員会の司法局の人たちから、現地の事情の聴取をした。

ここは、社会主義革命に功績のあった地であり、現首相のファン・バン・カイの出身地でもあるためか、土地使用権の証明書の発行がかなり進んでおり、土地使用権に対する抵当権の設定登記も多くなされているという。ハノイの周辺と異なり、ここクチ区のようなホーチミン市の郊外では、農民が、借金をして植木業などの商業的な農業を営むことが多く、その際に、銀行に農業用の土地使用権を抵当に入れることが多いそうだ。すでに、ここは市場経済化がかなり進んでおり、土地担保金融がすでに発達している。

途中、クチの激戦区で戦った元人民開放軍の大佐が経営している果樹園を調査員とともに訪ねた。青いマンゴーや、真っ赤なゾイの実、シュガーアップル（釈迦頭）などの実がたわわになっているので、ここで食べさせてもらった。青いマンゴーは、タイのソムタムのようにサラダにして食べるそうである。このように、ホーチミン市では当局の手ひらの中で、調査をしている分には問題がない。

ここクチ区は、ホーチミン市の郊外であり、ホーチミン市の富裕層が、ここに居住用の家を購入することが多いと聞いた。農地がどんどん宅地化しているという。

ここでも地元の食堂で昼食会が催された。道路に面した扉のないオープンの飯屋で、空芯菜《くうしんさい》の炒め物や、雷魚のスープ仕立てや、カインチュアという甘酸っぱいスープがとてもおいしい。ただし、扉のないオープンの飯屋であるため、蠅が大量にたかってくる。せっかくのおいしい料理であるが、蠅を片手で追い払いながら、食べなければならないので、落ち着いていられない。司法省の法学研究所のPさんは、私が蠅を非常に嫌っているのを見て、ミントオイルをテーブルの上に塗りつけていたが、これで蠅を駆逐できるのかどうかは不明である。ベトナム人スタッフは、蠅など一向にかまうことなく、蠅のとまった飯でもおいしそうに食べてしまった。

ここの料理と一緒に出された香草のなかには、マンゴーの若芽というのがあって、そうとは知らないで食べた私は、あとで口の中がかぶれないかと非常に心配であった（実際は、かぶれなかったが）。マンゴーというのは、植物学上、ウルシの仲間であるが、私は強烈なウルシ・アレルギーをもっていて、山にいってひどいウルシかぶれにやられたことが何度もあったのである。マンゴーの若芽はベトナム人が食べる以上、大丈夫なようであった。

十一　社会調査を振り返って

1　社会調査の方法

以上私の体験記として描写してみた社会調査であるが、近時、比較法学会など日本の法律学者や研究者の中に、日本の法整備支援における社会調査を研究の対象としようとする動きがあり、そのため、ベトナムにおいて実行した社会調査の実態について私に問い合わせが来ることが多い。そこで、以下ベトナムで行なわれた社会調査の方法とその問題点、評価できる点に関して、書いて見たいと思う。

すでに述べたが、ＪＩＣＡによるベトナム法整備支援の第一期では、私と司法省の法学研究所が共同して、土地使用権と建物の取引状況と「家族」という主体の実態につき、社会調査を実行するという結果になった。

社会調査を実行するに先立ち、一九九七年五月に東京大学法学部の太田勝造教授をベトナムに招聘し、司法省の法学研究所の所員ら、社会調査を担当する者を対象にして、社会調査の方法論に関するセミナーを開催した。質問に答えを暗示するような用語を入れないというような調査票の作成の仕方、調査票を作成したら知人や同僚に聞いてみてプリテストをし、調査票の実行性をチェックすること、本調査の前に予備調査を行い、調査票の実行性を検討すること、個別面接、集合調査、郵送調査、電話調査などの得失、標本のランダム・サンプリングの仕方などについて、太田勝造教授がセミナーを行なった。

実行の段階では、司法省の法学研究所が主体となり、長期専門家である私と協同して調査を実行することになったが、ベトナム側は、太田勝造教授が行ったセミナーで示された方法論に基づき、調査を実行しようとした。

まず、調査方法としては、調査票を作成した後、個別面接方式で質問をするという方法を選択した。コスト的には、個別面接でなく、調査票を郵送したり、電話で聞き取ったりする方法のほうが安く済むのであるが、ベトナムのような発展途上国の一般市民や農民に調査票を郵送しても、調査票が返送されてくることはあまり期待できないこと、またベトナムでは、特に農村部では電話の普及率が低いことから、電話で質問をする方式は相応しくないので、結局、調査員が個別の家庭を訪問して、予め作成した調査票に基づき質問をしてゆき、回答欄にチェックをしてゆくという方式を採用した。

調査票の作成の段階では、司法省の法学研究所が作成したドラフトを私がチェックし、さらに太田勝造教授にドラフトを送付してチェックしてもらい、調査票を合計六回修正し、調査票を完成した。調査票が出来た後、司法省内部で調査票のプリテストを行なった。プリテストは、太田教授のセミナーで示唆されたものであるが、その結果、司法省の中の法律家に聞いてもうまく回答が帰ってこない質問があることが判明し、農村部の農民にはとうてい理解不能とされてカットされた質問もあった。

プリテストの終了後、一九九七年一二月から一九九八年三月にかけて、一〇〇件の予備調査をハノイの市内のハイバーチュン区で行なったが、また、うまく回答の得られない質問ないしは重複している質問があることが判明したので、これもカットした。

この後、一九九八年八月から、約二ヶ月かけて、司法省の法学研究所の所員のほか、ハノイ法科大学や

ホーチミン市タンビン区での集団面接調査
区の人民委員会に集まった被面接者の人々達と

ハノイ大学の法学部の学生らを動員し、ハノイ市において、都市部の七つの区（バーディン、ホアンキエム、ハイバーチュン、ドンダー、タインスアン、カウザイ、タイホー）で六〇〇件の面接を行い、農村の一区（ドン・アイン）において四〇〇件の面接調査を実行した。

その後、一九九九年三月一一日から約一ヶ月の間、ホーチミン市で調査を行なった。ホーチミン市では七つの都市部の区（第一区、二区、五区、一〇区、タンビン区、ビンタイン区、ニャーベー区）で六〇〇件の調査を行い、一つの農村部の区（クチ区）で四〇〇件の調査を行なった。

ホーチミン市における調査期間はハノイ市と比べて短いが、これは、ハノイ市から調査員が出張して滞在しなければならないので、予算と時間の制約があるからである。さらに、ホーチミン市はハノイ市より面積が広く、また小規模零細農家の多いハノイ周辺とは異なり、特に農村部のクチ区では、果樹園などを経営する大規模農家が多いので、移動時間がよけいにかかるという事情があるため、ホーチミン市では、一〇〇〇件すべてを個別面接することはできないことが判明した。

そのため、ホーチミンにおいては、約半数五〇〇件の調査票については、被調査者に一同に集まってもらう集合調査法と配票調査法を合わせたような方法を採用した。すなわち、一つの調査対象地区の中から選別した五〇件の家族の代表者に「社」ないし「坊」（町村）レベルの人民委員会に集まってもらい、調査員が調査票の説明をした後に、調査票を家に持ち帰ってもらって、数日後にこれを調査員が回収するという手法を取った。

こうして得られた合計二〇〇〇件の調査票を、ベトナムの統計総局に送り、統計的に分析してもらい、英文とベトナム語版の調査報告書を作成し、これをＪＩＣＡに提出した。調査開始から報告書の完成までに、まる三年かけて、私の離任直前にようやく英文レポートが完成した。

司法省の法学研究所によると、法律の分野でこのような大規模な社会調査を行なうのは、ベトナムでは初めてであるとのことである。ＵＮＤＰなど、他のドナーもこのような規模と長期間に渡る社会調査は行なっていない。

以上の個別の家族を訪ねる面接調査に付随し、私は、司法省の職員らとともに、ハノイとホーチミンの裁判所、住宅・土地局、国営企業、外資系企業を多数訪ね、裁判事件数や、土地・建物の登記実績等に関する統計資料を収集し、土地、建物の取引状況、登記の状況を中心に、民事、商事法の実態につき、事例研究的な調査も行なった。

2　社会調査の問題点と評価すべき点

(1) 社会調査の問題点――ランダム・サンプリングの困難さ

ＪＩＣＡによる法整備プロジェクトには調査予算と調査員の人数の制約があるので、人口約二六七万人のハノイ市、約五〇三万人のホーチミン市の家族の土地使用権や建物の取引状況を調べるためには、国勢調査のようにすべての家庭をしらみつぶしに面接する全数調査を行なうことはできない。よって、面接対象となる家族を選択しなければならない。その際には、選択した標本が母集団をよく代表するために、調査者の主観を排除してランダムに標本の選択を行なわなければならないというのが、社会統計学や社会調査の教科書が強調するところである。

標本をランダムに選択する方法については、各種の社会調査の教科書が説明しているところであるが、日本のように住民台帳や選挙人名簿が整備されているところでは、これをサンプリング台帳として、住民を番号付けして、標本となる個人を、乱数票を使用するなどして、ランダムに選択するという方法が開発されており、アメリカのように、日本でいう住民票や戸籍がなく、住民を番号付けすることが難しいところでは、国政調査の調査地区を利用して、人ではなく、調査地区を無作為抽出してゆくという方法が開発されている。アメリカの世論調査で有名なギャラップ社は、国政調査地区をランダムに選択してゆく方法で、世論調査における標本抽出を行い、少数の標本調査により、大統領の当選を予測することに成功したという。

また、調査の基本設計に関していうと、人口が二六七万人とか、五〇三万人のハノイ市やホーチミン市のように、母集団が多く、多数の区からなる場合は、例えば、ハノイ市を構成する数個の区の人口に比例して、各区に一〇〇〇件の調査数を割り当ててゆく必要があるし、もし予算と時間の制約から、すべての区を調査できないのであれば、調査対象となる区をナンバリングして、さいころをふるなどして、調査対象の区を選択するということをしなければならないはずである。

しかし、選択された標本が、ハノイ市やホーチミン市における大規模な母集団をよく代表するように、調査の基本設計をするということや、調査の実行において標本抽出がランダムになされるような方法を取るということは、太田勝造教授がセミナーで説明し、私も何度もそれを司法省の法学研究所の職員に説明したにも関わらず、ついにベトナム側がこれを理解してくれなかった。

例えば、司法省の法学研究所は、ハノイ市内の都市部からハイバーチュン区を選択し、農村部からドン・アイン区を選択しているのであるが、ハノイ市の区からこれらの区をランダムに選択したわけではなく、ハイバーチュン区やドン・アイン区がハノイの代表的な商業地区または農村部であるという理由でこれらの地区を選択しているのである。本来、ハノイを構成する各区の人口に比例して、調査数を区ごとに割り振って調査を行うか、すべての区を調査できないのであれば、ハノイを構成する各区をナンバリングして、さいころか乱数票を利用して、調査する区をランダムに選択しなければならないはずである。

また、司法省の法学研究所は、ハノイの市内で調査をする場合、例えば、グエン・タイ・ホック通りには電気屋が多くあるという理由で、そこを調査対象地として選んでいるのであるが、グエン・タイ・ホック通りに車やバイクで出かけてゆき、調査員が目に付いたところから聞いてゆくので、ランダムに調査対象を選択していると主張する。

しかし、そもそも、ハノイ市の中からグエン・タイ・ホック通りを選択した段階ですでに、調査者の主観が入っているのであり、グエン・タイ・ホック通りの経営家族がハノイの経営家族の実情を代表するという保証はない。

また、太田勝造教授のセミナーでは、調査地の現場で実際に訪問する家庭を選択する場合、例えば、調査員が深層心理の中で赤色や青色を好む傾向を持っているために、自分では気づかずに、赤色ないし青色の建物を選択しており、標本の選択に主観が入る危険性があると指摘されていた。よって、現地で調査対象の家庭を選択する場合でも、機械的に三軒ごとに聞いてゆくというような方法を取るべきであり、また、訪問した家庭の中で被面接者を選ぶ際にも、誕生日が調査日に一番近い人を選ぶことにより、訪問する家庭や、訪問した家庭内の被面接者の選択を、調査員の主観に委ねないようにすべきということが指摘されていたのであるが、私が、調査地域の選択に際して、これをベトナム側に指摘しても、結局、これはベトナム側の理解するところにならなかった。

なお、これは時間と予算の制約から仕方がないともいえるが、ホーチミン市における調査の半数は、個別面接ではなく、ある地区の住民を集めて調査員が社会調査について説明し、地元の人民委員会の協力を得て、数日後に質問票を回収するという集合調査法と留め置き調査法を併用した手法により調査を行っている。このような集合調査法・留め置き調査法は、ホーチミン市の他の地域やハノイ市での個別面接方法と異なるため、調査方法が統一されておらず、これが統計結果に影響しないかという問題があろう。

ベトナムの場合、住民台帳や選挙人名簿は各地区の人民委員会か公安が作成して保管しているものと思うが、社会主義政権特有の秘密主義からこれを外国人が簡単に利用できる状態にない。よってサンプリング台帳を利用する方法はとれなかったであろうから、個別面接方式の社会調査を行なう際には、アメリカのギャラップ社方式のエリア・サンプリングの手法で調査地区や調査対象家庭を選択してゆけば、ランダムな標本の選択ができたのであろう。

しかし、ここで注意すべきは、仮にサンプリング台帳が入手できたり、ギャラップ社方式で調査地区をランダムに選択したとしても、ベトナムという社会主義国においては、ランダムに選択した場所を自由に調査するということが実務上、不可能か、著しく困難であるということである。ベトナムでは、外国人がベトナム社会の調査を行なうということ自体、スパイ行為とみなされるという事情が今でも存在し、人類学を専攻するアメリカ人の研究者が、当局に無断でベトナム北部で少数民族の生活調査を行なったら、公安当局からハノイ市外に出ることを禁止され、これを破った場合、国外退去措置を取るという警告を受けたという話があるくらいである。

実際、ハノイ市やホーチミン市で、社会調査を行なう際には、ロック大臣の国会議員としての選挙区や、その地区の人民委員会の幹部が、司法省の調査責任者の知己であるというような場所が調査場所として選定されている。これは、司法省の調査責任者が調査地の当局とコネのある場所でなければ、外国人がフィールドに出るような調査に対して、調査地の当局である人民委員会や公安から許可が出ないからであり、ランダムに調査対象地を選択することははじめから望めないという実情があるからである。

このように、調査対象のランダム・サンプリングが困難である場合は、調査結果を統計的に処理をするのではなく、調査地を選択する理由を明らかにして、特定地域の事例研究方式で調査を行なうべきであると思ったが、司法省の法学研究所側は、統計的に分析するのが科学的であると思い込んでいるために、統計的な分析はやっても無駄とまでベトナム側に言うことはできなかった。

また報告書の中では、統計的な分析の結果は、ハノイ市やホーチミン市の全体の像を表すと表示すべきではなく、調査者が意図的に選択したハノイ市のハイバーチュン区や、ドン・アイン区、またはホーチミン市のタンビン区、およびクチ区の中の各地域の調査結果として表示すべきであると提言したのであるが、ベトナム側は調査者が現場にいって適当に選べばそれでランダムに標本が選択されていると主張して、ランダム・サンプリングに対する理解を示さなかったので、標本選択における恣意性の排除は実現しないまま、社会調査のレポートでは統計的な分析の結果が、ハノイ市およびホーチミン市の家族や土地使用権、建物の取引状況を示すものとして記述されてしまっているという問題点がある。

⑵ 調査票や調査報告書の書き方の問題点

調査票はあくまでもベトナム側（司法省の法学研究所の所長ら）が作成したものであり、これを私や太田勝造教授がチェックしたものにすぎない。調査票の中の質問には、質問しても無駄と思えるようなものや、明確さを欠くと思われるものも散見された。例えば、「民法に関する知識はあるか」という質問において、「完全に理解している」と「一般的な知識はある」という回答の選択肢があるものがあったが、日本の法律家の目からすると、そもそもベトナムでは、司法省の職員や裁判官でさえ、彼らの民法の知識はあやしいものであり、民法のような条文数が多く、内容も難しい法律について、一般市民や農民が完全に知っているということはありえないし、一般的な知識といっても、何を称して一般的な知識を持っているというのかが不明である以上、まったく無駄な質問であるとおもったが、これは、法律を宣伝・普及させる任務を負っているベトナム司法省が自ら起草した民法がどれだけ普及しているかを調査したいというある種の政治的な意図を持った質問であるので、あえてその必要性につき口をはさまないようにした。

不明確な質問に関しては、例えば、「貯めたお金をどのように使用するのか」という質問に対して、「不動産を買う」というのと、「事業に投資をする」という回答の選択肢があった例があげられる。これなど、生活用ではなく、投資用に不動産を購入したらこの二つは区別できないのではないかという疑問があった。この点を聞いてみたが、ベトナム側は、土地は公有という社会主義の建前のせいか、不動産を買うのは事業に投資をするものではないと考えているようであったので、この質問もそのままにしておいた。

また、報告書に関して言うと、これは司法省の法学研究所の所長が作成したものであり、私は英文とベトナム語版の双方に目を通して、五回、六回とこれを訂正させたのであるが、報告書の中には、統計からそうは結論づけられないような論理的飛躍がある場所や、読んでも意味がわからない部分が散見された。この点を指摘すると、司法省の法学研究所側は英語版は知らないが、ベトナム語版は完璧だなどと嘯《うそぶ》くので、私は、同研究所の所長や、調査責任者のPさんおよび、統計総局の分析担当者の前で、ベトナム語版のほうの問題も指摘した。このように、社会調査の報告書は多くの問題を含むものであったが、私の三年三ヶ月の任期の終了がまじかになってきたため、見切り発車という形で、英文とベトナム語版の報告書をＪＩＣＡに提出することになった。

⑶　評価すべき点

以上、個別面接方式における社会調査の標本の抽出方法、調査票の質問の明確さ、報告書の論理のはこびには、それぞれ問題があるものの、ともかく、法律の分野でこのような社会調査を行なうのは、ベトナムにおいては、初めてである。また、ベトナム人が主体となって、調査票を五回も六回も作り直し、本調査の前にプリテストや予備調査を行なうということを通じて、ベトナム人調査員が素人を対象とする調査票の作成の難しさを学び、予算の制約や調査地の広さのために、ホーチミン市ではハノイ市と同数の面接調査を行なうことが困難であり、そのため、ホーチミン市では集団調査法を取らざるを得なかったという体験を通して、ベトナム側の調査員達が法律の分野における社会調査に関するノウハウを蓄積したのであるから、この社会調査を通じて社会調査の技術をベトナム人に伝達出来たことは確かである。よって、技術移転を目的とするＪＩＣＡのプロジェクトとしてはこれでよしとしなければならず、標本抽出方法の問題などは、今後の課題として、ベトナム側が今回の調査をレヴューすることにより、その問題点を認識し、これを解決することを期待するということでよいと思う。

また、個別の家族の面接とは別に、これと並行して行なった、ハノイ市やホーチミン市の人民委員会や、そこに属する住宅・土地局、裁判所、国営企業や日系企業における聞き取り調査の重要性は、強調しておきたい。

各官庁の持っている統計資料は、ベトナムでは秘密とされ、特に外人には開示されないことが多いので、これを系統だって入手するためには、このような政府から公認された調査プロジェクトの傘の下で各官庁から入手するのがもっとも効率的である。

本社会調査でいえば、ハノイ市やホーチミン市における土地使用権や住宅の所有権の証明書の発行数や登記件数や、裁判所における不動産関係の訴訟件数などの統計資料を入手することができた。

さらに、社会調査における聞き取り調査を通じて、社会調査を実行しなければ決して分からないような以下にあげる事実が判明した。

①　農村部では、個人ではなく家族に対して、村単位で集団的に農地の使用権の証書が交付されており、予想に反して、都市部より農村部のほうが、土地使用権の証明書の交付の作業が進んでいること、反面、このように人民委員会の決定では、家族に農地の使用権が交付されているのに、証明書では、戸主とその配偶者個人に交付されているように記載されている例が多く、証明書を信じて戸主個人から

土地使用権を譲り受けた場合、当該家族の構成員から、当該譲渡が無効と主張されることがあること。
② 都市部では、農村部と比べ、個人や家族に対する土地使用権証明書の交付作業が進んでいないこと。
③ ハノイ市とホーチミン市で、土地使用権の登記、証明書の交付、譲渡の許可手続きや、有効とされる土地使用権や住宅の証明書がかなり異なること。
④ 人民委員会が家族に交付した土地使用権であるはずなのに、戸主が結婚して家族から独立した娘にこの一部を贈与する例が多く、戸主が、家族に交付された土地使用権を、自由に子供に贈与する権限を有しているという意識を人々が持っていること。
⑤ 家族に帰属する建物や土地使用権を処分する際に、家族の構成員の同意が必要とされるか否かに関して、戸主が単独で処分できると読める民法の規定（一一九条一項）と家族の構成員の同意を要求するホーチミン市の通達との間に矛盾があること。

このような統計資料や、土地使用権や建物に関する法令の施行状況に関連する基礎的なデーターの収集は、現在、ＪＩＣＡが行なっているベトナム民法改正支援作業の基礎資料となるものであり、これは、ベトナム法整備支援の第一期において行なわれた社会調査によりはじめて収集されたものである。このような基礎的なデーターに基づくベトナムの現状認識なしに、他国の法律に対してアドバイスをすることはできないのであるから、その意味では、この社会調査は、法整備支援のために、不可欠なものであったと評価できるであろう。

不正競争防止法と手形小切手法のセミナー
商務省と司法省のなわばり争いが大変だった

十二　役所間のなわばり争い

ベトナムでは、役所間のなわばり意識がことのほか強いといわれる。私もベトナム赴任中にこれには何度か煮え湯を飲まされた。

その一つの例は、司法省と商務省の関係である。プロジェクト内で、商法に関するセミナーを行うことになった。JICAによるベトナム法整備支援計画は、司法省を通じて実行するということになっているので、司法省から商務省の法務局に宛て、セミナーの開催に対する協力要請の手紙を出した。

商務省のT法務局長に打診したところ、司法省を通さず、直接JICAから商務省に協力要請して欲しいという。しかし、JICAによるベトナム法整備支援プロジェクトは、ベトナムの首相の同意を得て、ベトナム司法省とJICAとの間で締結された国際合意書に基づき実行されるものであり、その合意書の中ではベトナム司法省がベトナム政府を代表してこれを執行することになっているので、司法省をとばして行動するわけにはいかない。

このようなときは、外交チャンネルを使用する必要があるので、日本大使館の経済部から商務大臣にあてた協力要請文を送ってもらい、商務省からT法務局長や商務省顧問のL教授を招いて夕食会を設定し、協力要請をした。その場では、商務省側は協力要請を飲んだのであるが、セミナー開始の三日前になって、商務省のT法務局長は、司法省と一緒にセミナーをやりたくないといってきたのである。

悪いことに、その商法のセミナーは、ODAの宣伝番組のために日本のテレビ局の取材をうけることになっていた。知り合いの商務省のコンサルタントを通して商務省のT法務局長を懐柔しようとしたところ、T局長はJICAと協力するのは光栄であるが、司法省とは一緒にやるのはいやだと頑として言い張る。以前、他のドナーが司法省をカウンターパートとして、商法のセミナーを開催した際に、商務省がこれに呼ばれたが、商法の起草の主管官庁は商務省であるはずなのに、司法省がこれをすべて仕切ってしまって、ドナーから支払われる報酬も商務省側に分けなかったことがあったという。これ以来、司法省と商務省の法務局は極端に仲が悪くなったようである。

しかたがないので、急遽セミナーを二つに分け、同じホテルの同じ会場を使用して、一度は商務省、次の日には司法省というように二度も開催式を行い、なんとかセミナーの開催にこぎつけた。

このように、ベトナムの官庁間でことのほか縄張り意識が強いのは、ベトナムの国家財政と関連がある。日本だって、官庁間の縄張り争いは十分に熾烈なのであるが、ベトナムの場合、国家から官庁に交付される予算では、公務員の給与は平公務員で一ヶ月三〇米ドル、局長クラスで五〇米ドル、大臣でも一〇〇米ドルほどしか支払われない。しかし、ハノイの中心にあるホアンキエム湖の周りで、ポストカードを売っているストリート・チルドレンの中には、月に一〇〇米ドルか二〇〇米ドルくらい売り上げる子供もいるといわれており、この給与では、第二次世界大戦後の日本で、闇米を食べずに飢え死にした裁判官のように、ベトナムの公務員は、局長以下みな飢え死んでしまうので、官庁ごと、もっというと、各部局ごとに手数料をとって収益事業を行い、または報酬の得られる仕事をベトナム政府や外国のドナーから請負い、これを再分配して生活している。従って、手数料を取ることができたり、利権を伴う仕事の管轄をめぐる官庁間の縄張り争いは、生活をかけた熾烈なものになる。一九八〇年代の経済危機の時には、部局単位で、役所の庭に鳥や豚を飼い、それを売って現金を作ったり、つぶして肉を分けたりしていたという。これでは、役所は、機能集団であるゲゼルシャフトではなく、生活共同体としてのゲマインシャフトたらざるを得ない。現在では、外資に関する許認可権や、外国援助は、八〇年代の鳥や豚にあたるのであって、これをめぐる官庁間の縄張り争いは、生活をかけた熾烈なものになるのである。

私が体験した縄張り争いの例はこれに限らず、司法省と最高人民検察庁と最高人民裁判所との関係も大変だった。司法省のプロジェクトがうまく進行してゆき、司法省の一行が一年に二〇人も日本に研修に行ったり、年に六回も七回も司法省でセミナーが行われたり、コピーやパソコンが司法省に配備されているのを見て、おなじ司法関係の兄弟官庁にあたる最高人民検察院と最高人民裁判所が、ＪＩＣＡと組んでうまくやっている司法省をねたみはじめた。

そのような状況の中、ベトナム最高人民検察院のさる幹部から、ＵＮＤＰ（国連開発計画）の予算を使用して、日本に研修に行きたいという打診があって、私はＵＮＤＰの事務所に呼ばれた。私は、報告書を作ってＪＩＣＡベトナム事務所と日本大使館に報告をし、日本大使館の書記官が外務省経由で、日本の法務省に連絡をしたところ、ベトナム最高人民検察院側の訪問予定の四月は予算年度の始めで多忙であり受け入れることができないので、もう少し遅らせて欲しいと回答してきたため、日本大使館はそのように最高人民検察院に文書で連絡をした。

しかし、UNDPの予算をとってまで、日本に行きたかったベトナム最高人民検察院側の司法省に対する嫉妬心は、もう耐えがたいところまでに達した。ベトナム最高人民検察院側は、私と司法省を同視して、司法省憎しの感情を私にぶつけてくる。ベトナム最高人民検察院の幹部氏の司法省に対するねたみは、まるで、しっとに狂う女のように、じっとり、ねっとりとしたもので、私が、日本の予算年度が四月から始まるとか、日本側は延期要請をしただけであるという説明をしても、ベトナム最高人民検察院側は、もはや聞く耳を持たないという態度を示し、私は、この幹部氏と会うたびに、JICAは司法省にはいろいろなサービスをしているのに、なぜ自分達にはしてくれないのかとなじられるはめになっていた。

このようなプロジェクト第一期の経緯から、一九九九年一二月から始まったプロジェクト第二期では、司法省に加えて、最高人民検察院と最高人民裁判所をカウンターパートに取り込むこととなった。

しかし、その第二期を始める際の日越間の協議の最中、今度は、最高人民裁判所を代表して協議に参加していたある幹部氏が、民事訴訟法のように最高人民裁判所が国会の決議により起草する分野については、司法省ではなく、最高人民裁判所が主体となりセミナーや本邦研修を行うべきであると、怒って大声で発言し始めた。居並ぶ日本側は、突然生じたベトナム側の内紛に、目を白黒させるほかなかった。ベトナム側を主催していた司法省の幹部が、「公開の席でそんなことをいいだすなんて」とその最高人民裁判所の幹部氏をたしなめたが、この最高人民裁判所の幹部氏の怒りはとまらず、協議は休会となった。休会中、廊下で、最高人民裁判所の幹部氏が司法省の幹部らを前にして大声で怒鳴っているのが聞こえてしまい、私たち日本側ははらはらして見守るほかなかった。

同様のことはラオスのＵＮＤＰ（国連開発計画）法整備プロジェクトでも生じており、私がラオスに出張したときにも、司法省、最高人民裁判所、最高人民検察院三者間に縄張り争いが生じ、プロジェクトの実行に支障が生ずるようになったので、プロジェクトを三つに分割するという話も聞いていた。私は、司法三官庁がカウンターパートとなり、その調整が複雑になるに決まっている第二期が本格的に始動する前にベトナムを去れるので、せいせいする反面、第二期の初めからこの調子では、私の後任がさぞ苦労することだろうと、プロジェクト第二期の前途の多難さを思った。

ただし、ベトナム法整備支援プロジェクトが第二期に入り、最高人民裁判所も最高人民検察院も、ＪＩＣＡの予算で、自分達の主管する民事訴訟法や破産法や刑事訴訟法の研究のために、ベトナム司法省を通さずに、自前で研修員を日本に派遣できるようになり、また日本からの専門家を受け入れて、自前でセミナーを開催できるようになってから、司法省に対するライバル意識も薄らぎ、三者間の関係も、私の赴任中よりずいぶん改善されていると聞いている。

実は、日本側にも、ＪＩＣＡ、外務省、法務省、法律学者グループ（後に日本弁護士連合会と最高裁判所）という複数の機関が関与しており、日本側の一つの機関の要求に従って行動すると他の機関からクレイムが出るということがあって、日本側の事情は、ベトナム側にもまさるとも劣らず複雑である。派遣前の研修で習ったＪＩＣＡの仕組みから言うと、私は、赴任先であるベトナム司法省と任国のＪＩＣＡベトナム事務所の指示に従えばよいのであるが、実際は、そのように単純ではない。

日本側には、上述の各機関の代表者からなる国内支援委員会が設置され、ここでベトナム法整備支援に関する基本的な意思決定をするはずであったが、各機関は、それぞれ異なる思惑があってベトナム法整備支援に乗り出してきているので、同床異夢という状態であり、支援分野や、ベトナム側の支援対象機関について、明確な意思決定をなしていなかった。例えば、支援分野についていえば、ある者は民事・商事法に絞れといい、ある者は刑事法も支援すべきといい、さらにある者はそれに限らず公法一般も支援の対象にしろという。また、支援対象機関については、JICAのベトナム事務所は、派遣先の司法省から受け入れられなくなるおそれがあるという理由で、長期専門家は派遣元の司法省を通さずして他の機関には行かない方がよいという忠告を私にしており、その通りベトナム司法省は私が他の機関で働くことをよく思わなかったのに、日本側のある者は司法省のライバル官庁にも行って活動をしろという具合に、日本側といっても、その要求は各人各様でまったく統一性がない。そこで、現地で、国内支援委員会の決定に基づき民事・商事法に的を絞って活動をしていたら、国内支援委員会に出席しているはずの人たちから、公法を支援していないのはけしからんとか、JICAベトナム事務所のアドバイスに従い司法省以外で活動することを自粛していたら、長期専門家は司法省の援助の囲い込みを放置していると非難されたこともあった。

以上のように、ベトナム法整備支援プロジェクトを現場で進めてゆくに連れ、ベトナム側や日本側のあちこちから、批判の火の手があがり、現場で日越間のつなぎの役目をする長期専門家はこの前面に立たされて、苦労したのであるが、ベトナムにいる日系企業の駐在員の人と話していると、彼らは本社とベトナム側とにはさまれて、同じ状況であると教えてもらったので、通常、海外駐在ということを考えない日本の弁護士として得がたい経験をさせもらってありがたかったというべきかも知れない。

十三　通訳と翻訳

ＪＩＣＡによるベトナム法整備支援プロジェクトの場合、原則として、ベトナムにおいて開催するセミナーにおいては、英語を使用して、日本法の説明やベトナム側の草案へのアドバイスをしていた。

実は、ベトナム語の場合、法律、政治関連の文書には、漢語起源の言葉を多用するので、英語を介さずに、日本語とベトナム語間で直接、通訳・翻訳した方が、本来誤解が少なくてよい。ベトナムでは、フランス植民地時代でさえ、上級官吏の任用試験としての科挙が実施され、フランス語で記された法令が、地方では漢文に訳されて公布されていたくらいであるので、いまでも漢語起源の法律用語が多く、英語を介するより、漢語を利用して、ベトナム語と日本語で直接翻訳をした方がよいことが多い。例えば、「所有」とか「破産」というのは、ベトナム語で「so huu」（ソーヒュウ）または「pha san」（ファサン）というが、これは漢字の「所有」や「破産」をベトナム語読みしただけであるので、「ownership right」とか、「bankruptcy」いう英語を使用するより、漢越語と日本語間で置き換えたほうが、本来はスムーズに翻訳ができる。

しかし、日本語とベトナム語間で翻訳や通訳を行う場合、法律用語を正確に通訳・翻訳することのできる通訳者や翻訳者が少ないため、英語を介して、セミナー等による技術移転をしているのが実情である。

しかし、これはときに大変困難を伴う。日本の民法、刑法などの基礎法は、ナポレオン民法典やドイツ刑法などの大陸法をモデルとしているので、日本法の概念はドイツ語やフランス語にはなっても、英米法に相当するものがないものもあって、英語にむりやり訳しても外国の読者には意味がわからないことがしばしばある。

また、英語の出来るベトナム人の現地通訳や翻訳者は、プライドが異常に高い人が多く、日本法や英米法を知らないくせに、自分の訳に根拠なく固執するため、誤訳であると注意をしても、これを直さない通訳や翻訳者が少なからずいて、通訳・翻訳問題は終始頭痛の種であった。

例えば、犯罪者更正法のセミナーを行ったときには、事前に、日本の法務省から来た染谷、横地専門官と、私と、ベトナム人通訳と司法省の職員がひざを突き合わせて、半日も使って、日本語、英語、ベトナム語間の訳語の検討をした。例をあげると、日本語の「仮出獄」は、英語の「parole」と訳し、これにぴったり相当するベトナム語の術語はないので、あえてベトナム法の術語に当てはめず、「期限前の釈放」(ta truoc thoi han) という説明的な言葉にすることに決めた。また、日本語の「執行猶予」という制度も、そもそも英米法にはこれにぴったり相当する概念がないので、英語にはなりにくい。「probation」(保護観察状態) という言葉があるが、これは、刑の宣告自体が猶予されることがある点で、刑の宣告はなされ、その執行が猶予されるだけの日本の執行猶予とは同じではない。そこで、日本法の執行猶予は「suspension of execution of sentence」という説明的な訳にすることにしたが、これに相当するベトナム語は、「an cheo《アン チエオ》」というのが一番近そうであるので、そのように翻訳することに決めた。このように、日越の法律家と通訳が集まり、半日も費やして、セミナーのための訳語を固めたのであるが、いざ本番になると、訳語の協議に同席したはずの通訳が、みずからのプライドの高さと法律知識の欠如のゆえに、これに従わず、勝手に通訳しだしたので、私が介入して、これを訂正し、それでも従わないこの強情な通訳を翌日から解雇し、以後当プロジェクトには出入り禁止とした。この通訳は、解雇されたため、後に私をたいそう恨んでいたが、これだけの大誤訳をされて、これを注意しても訂正しないとすると、せっかくのセミナーはまったく無に帰するので、恨まれるのを覚悟で、ＪＩＣＡプロジェクトに出入り禁止とした。基本的には、雇用先の少ない発展途上国で、外国ドナー側が現地の人を解雇することは、時には恨みによる殺人事件にも発展しかねないので、避けるべきであるが、技術移転を不可能にするような通訳を放置しておくわけには到底行かない。

私も、赴任当初はベトナム語の聞き取り能力が低かったので、このようなことができなかったが、しだいに耳がなれてきたので、セミナーの際には、テクニカルタームに関する通訳のチェックができるようになってきた。このような通訳・翻訳のチェック作業は、厳密な概念の学問である法学の知識を伝達する際には、きわめて重要である。せっかく講師が多大な努力を費やし、時間をかけて、周到な準備をしても、通訳があまりに重大な誤訳をすると、これが台無しになってしまう。私も、赴任当初に、自分自身で行った調停法のセミナーを、この問題の通訳氏が通訳したため、後でベトナム側が提出したレポートを読んだところ、自分が決して言っていないようなことが多数書かれており、あわてて、セミナーのベトナム側の責任者であった司法省の民事・経済局の副局長を呼んで、誤解を解いたことがある。この報告書の英訳を日本側の法律家が読んだら、武藤はベトナムで暑さのあまり精神に異常をきたしたと思われかねかねない内容になっていたのには驚いた。

同様のことはＪＩＣＡによるベトナム法整備支援のみならず、およそベトナムで行う外国ドナーのセミナーで生じないことはないといってよく、そのため、ベトナム側の聴衆が、外国法に関して、とんでもない誤解をしていることがままあるので、通訳・翻訳問題は、ベトナム在任中、終始頭痛の種であった。

第二章　ベトナムの国家・法律制度編

一　ベトナムの国家制度一般

ここで、ベトナムの法制度一般につき説明してみたい。ベトナムでは、国会が内閣の不信任案を提出し、これに対して内閣が国会を解散したり、また、大統領が議会の立法の執行を拒否したり、裁判所が立法の違憲審査権を持つというように、立法・行政・司法という三権が相互に抑制・均衡をはかり、国家権力の乱用から国民の自由を守る「権力の分立」という考え方は採用されていない。ベトナムでは、権力は一つで、少数者は多数者の決定に、下部機関は上部機関の決定に、個人は集団の決定に従うという社会主義国に特有な民主集中制が採用されている。ただし、国家機関の性質に応じて権力を分配するという「権力の分配」という考え方はあり、国会の下に最高人民裁判所と最高人民検察院があり、中央政府の下には各省庁があり、各地方には地方の国家機関としての人民委員会があるというように、人民の権力が、その性質に従い各中央・地方の国家機関に分配されていると考えられている。

国会は、以前は、共産党の政策をそのまま通過させるだけのラバー・スタンプであるとされてきたが、ドイモイの深化とともに、その重要性が高くなり、最近では、議員の法案審議能力も向上し、一九九八年の土地法の改正案や一九九九年の企業法の立法過程において見られるように、政府の提出した法案が不十分であるとして、国会を通過せず、再度提出されるということも多くなってきている。

また、民主集中制のもと、すべての国家機関が立法過程に参加するので、首相その他の閣僚だけでなく、最高人民裁判所の所長や最高人民検察院の院長らも国会議員として、立法過程に参加するし、司法機関である最高人民裁判所が民事訴訟法を起草し、最高人民検察院が刑事訴訟法を起草し、これを国会に提出するという機能を果たす。

中央政府の長が首相であるが、国防省、公安省、計画投資省、財政省、工業省、商務省、建設省、交通運輸省、教育訓練省、農業および地域発展省、水産省、科学技術省、情報文化省、保険省、労働傷兵社会省という中央省庁と価格委員会等の各種委員会がこの中央政府に属し、私の派遣された司法省もここに属する。行政機関として、大統領（国家主席）が存在するが、これは名誉職的なものにすぎない。

日本の県にあたる地方の省は、小さい方から社（坊）、県（区）、地方省（中央直轄市）というように分類され、それぞれに人民評議会という地方議会が存在し、これが地方の行政を行う人民委員会の構成員を選出するという形をとっている。実際、ベトナムでは、省級人民委員会の力は非常に強く、ハノイ市やホーチミン市の人民委員会の委員長は、各省の大臣より、共産党内の席次がずっと上である。

憲法上これらの国家機関を指導する機関として共産党があるが、共産党と国家との関係は、明確でない。実際は、国家機関の幹部はすべて共産党の幹部でもあるので、事実上は、共産党＝政府なのであるが、法理論上、共産党と国家の関係は不明確である。

その他、共産党以外の社会団体の集合体である祖国戦線というのがあり、たとえば、婦人同盟と労働組合がこれに属するが、弁護士会もこの一員である。祖国戦線は、たとえば、裁判官や人民参審員を選任する裁判官選任委員会のメンバーになるという公的な役割を果たす。

法規範には、国会の制定する法律（Phap《ファップ》 Luat《ルアット》）、国会常務委員会の制定する法令（Phap《ファップ》 Lenh《ライン》）、政府の制定する議定（Nghi《ギー》 Dinh《ディン》、日本の政令にあたる）、各省庁の制定する通知（Thong《トン》 Tu《トゥー》、日本の省令）、首相の決定（Quyet《クエッ》 Dinh《ディン》）・指示（Chi《チー》 Thi《ティー》）、人民委員会の決定・指示などという各種の法規範があり、その上下は、法規範文書公布法により定められている。

憲法、民法、刑法、商法、民事訴訟法、刑事訴訟法というのを基本六法と日本では呼ぶが、ベトナムでは、すでにこの六法は一応制定されている。一応というのは、六法中、民事訴訟法は、国会の制定した形式である法律の形式ではまだないものの、国会常務委員会が制定した法令という形式でこれに相当するものが三つ（民事、経済、労働の三分野）あり、現在、民事訴訟法を法律の形式で制定する作業が進行しているからである。

また、労働法、外国投資法、土地法、海事法、銀行法、信用機関法、企業法という各種法律があるほか、これらを施行する無数といえるほどの、政令や省令や地方の人民委員会の決定などがある。

このうち、地方の人民委員会の決定は、実務上非常に重要で、特に土地使用権の交付や処分の許可は、各地方の人民委員会の任務とされているため、土地に関する各地方省の人民委員会の決定は、土地法等中央省庁が制定する法令に劣らない重要性を持つ。

二　ベトナム司法省

私の派遣された司法省は、新しくできた官庁である。法律はブルジョワの支配道具であるというマルクス理論から、無用なものとして、北部が社会主義化した後一旦廃止されてしまった。社会主義から共産主義へと社会が進化してゆけば、法的紛争という階級的な矛盾は解消する。社会主義においては、法は不要であり、党の指令があればたるとされたのである。しかし、計画経済制度の非生産性があらわとなり、ソ連も崩壊してしまったため、市場経済を導入せざるを得なくなり、中国でも人治でなく、法治が必要であると指導者がいうようになった。

ベトナム司法省はそのような流れの中、一九八一年に再設立されたのであるが、そのためか、場所も外務省や大統領府や共産党本部のある官庁街のバーディン広場からは離れた、Cat《カット》 Linh《リン》というタイル屋さんが多い通りにあり、建物もひときわシャビーで小さく、日本の地方裁判所の支部くらいの大きさである。自動車やバイクなど、製造業関係の外国投資の許認可権を持つ工業省がパルテノン神殿のような白亜のコロニアル風の殿堂に入っているのに比して、司法省の建物のこのシャビーさは、この国の法治の程度を示しているのかもしれない（ベトナム政府もこれを意識したのか、司法省は、現在のロシア大使館が使用している立派なコロニアル風の建物に引っ越すことになったと聞く）。

それでも、ベトナム政府は、法治を強調し、近年、司法省の業務は拡大し続けており、立法作業のための人件費や、コンピューター関連の情報処理関連の予算も、かなりつくようになった。

私のオフィスはこのシャビーな建物の二階の向かって右から二個目にあり、この二階にはGTZ（ドイツ技術協力公団）、SIDA（スウェーデン国際開発協力庁）、UNDP（国連開発計画）、ADB（アジア開発銀行）といったドナーのオフィスがならび、外国援助の草刈場のようになっている。

各地方の省には、司法局（so《ソー》 tu《トゥー》 phap《ファップ》）という日本の法務局にあたる部局があるが、これは組織的には、各地方省の人民委員会に属し、職員の給与も人民委員会から来るのであって、専門・技術的事項に関しては司法省の指導を受けることはあっても、組織的には司法省の支局ではない。司法省の支局は、ホーチミン市に一つあるだけである。

三　ベトナム民法制定の歴史

ＪＩＣＡによるベトナム法整備支援の主たる対象は、民法の付属法規の制定と民法本体の改正に対する支援であるが、ここで、ベトナムの現行民法が制定された経緯について、説明したい。

1　フランス植民地時代

(1)　三分割されたベトナム

ベトナムは、一八六二年六月五日のフランス、スペイン、アンナン間の平和友好条約により南部コーチシナの三省（ビエンホア、ザーディン、ミトー）とコンダオ島をフランスに割譲してから植民地化され始め、一八七四年三月一五日のフランスとの平和同盟条約により南部六省全部がフランスの植民地となり、一八八四年六月六日のフランスとの条約により、ベトナムは南部コーチシナと、北部トンキン、中部アンナン三つの地域に分割された。

南部のコーチシナはフランスの主権が直接および、フランス官吏が統治にあたる直轄植民地（colonie）であり、一八八八年に、中部・北部でも、ハノイ、ハイフォン、ダナンという三大都市は、フランスに割譲され、フランスが直接統治する特譲地（concession）とされた。

これに対して、中部アンナン及び北部トンキンは、一八八四年の条約によると、フランスがその外交と関税、軍事、公共工事という重要な内政を行い、その他の内政は中部のフエのアンナン皇帝がこれを行なうという保護国ないしは保護領（protectrat）とされていた。フランス政府は、当初、反フランス、勤皇の態度を取る文紳層（地主や科挙の及第者など地方の有力者）を懐柔するため、一八八六年、北部のトンキンに「経略」（kinh《キン》 luoc《ルウオック》）と呼ばれるアンナン皇帝の代理人をフエの朝廷から派遣させたが、これは一八九七年に廃止され、フランス植民地政府のトンキン理事官がこの権能を承継することになって、北部トンキンは、実質的には直轄植民地と同様になった。

⑵　南部コーチシナの民法

南部コーチシナ（及び北部、中部でもハノイ、ダナン、ハイフォンという三都市）は、フランスの直轄植民地であるので、そこではフランス民法が基本的には適用されたが、原住民（いわゆるベトナム人と呼ばれるキン族やクメール系のチャム族などの少数民族）同士の民事・商事紛争に関しては、土着法の維持・尊重の原則から、原住民の法律や慣習が適用されていた。南部コーチシナにおいては、一八八一年五月二五日付けの命令によって、フランス裁判所が原住民間の民事紛争に関しても管轄を持つと定められた結果、フランス人裁判官によるアンナン法の適用が問題となったため、フランス植民地政府は、いち早くアンナン固有法の成文化に着手した。当時、サイゴン控訴裁判所の副所長であったフランス人のF. Lasserreが、フランス民法の編成に基づき、原住民の民事慣習の法典化に着手し、一夫多妻制や、後に述べる「香火」（フォンホア）と呼ばれる先祖供養のための相続財産に関するベトナム人の慣習などを取り入れて、一八八三年五月一日付けのアンナン人用の民法の草案を起草したが、これは原住民の民事上の慣習を十分反映していないとされて廃案になってしまった。

代わって一八八三年一〇月三日付けの大統令により、人事法の領域に限り応急的な立法がなされ、フランス民法中、序章（法律の公布と効果及び適用に関する通則）と国籍、住所に関する規定をそのままコーチシナのベトナム人に適用し、身分証書に関するフランス民法の規定に替えて、原住民の戸籍簿を新設し、失踪、婚姻、離婚、親子関係、養子、親権、未成年及び後見・成年等の諸事項については、ザーロン法典や旧慣を基礎にした「アンナン法綱要」(Precis de la legislation annamite) が制定されて、公布・施行された。この「アンナン法綱要」は、ベトナム語で「民律簡要」(Dan《ザン》 Luat《ルアツト》 Gian《ザン》 Yeu《イウ》) と呼ばれるが、これは人事法の領域に限るもので、物権、債権、相続に関する規定をおいていなかったので、ベトナム人の間の民事・商事の紛争には、阮《グエン》朝の一八一五年に制定されたザーロン法典（皇越律例）などの制定法や慣習法が適用されていた。

さらに、一九二五年七月二一日には、インドシナ連邦全体に適用される土地条例が制定された。この土地条例は、フランス人であるとベトナム人であるとを問わず適用され、土地所有権のほか、永小作権、土地に対する質権、抵当権等の物権や、土地の相続売買、贈与、賃貸借に関しても規定をおいていたが、実際は、この土地条例は、地籍簿が完成した若干の地のみに適用されていた。

フランス植民地政府は、南部コーチシナにおける完結した民法の制定を予定していたが、第二次世界大戦の勃発によりこのような作業は頓挫し、その後、南部コーチシナにおいては、完結された民法はついに制定されなかった。

⑶　北部トンキンおよび中部アンナンの民法

北部トンキンでは、一九三一年に、ハノイ控訴裁判所の所長であったフランス人Morcheが編纂し、フランス民法を基礎とし、ベトナム人の慣習も取り入れた北部民法（一四五五ヶ条）が制定され、中部アンナンでは、一九三六年から一九三九年にかけて、フランス人の法律顧問Colletが起草し、北部民法を改良した内容を持つ中部民法（一七〇九ヶ条）が制定された。

北部民法の制定の際には、まず、フランス植民地政府は、一九一七年七月一六日付けの総督令で、フランス人とベトナム人からなる委員会を設置し、人及び財産を対象とする北部民法第一編がまず編纂された。フランス植民地政府は、これをまず、河東（ハドン）地方にのみ試験的に施行した後、その運用の成績を確かめた後に、本格的な民法の制定作業を開始した。

一九二七年八月三〇日のトンキン理事官の命令で、アンナン法諮問委員会が設置され、まず、北部のトンキン地方の民事慣習の調査にあたった。ハノイ控訴裁判所のMorche所長がこの委員長となり、慣習調査は三年にわたり、その結果は、答申書として公表された。一九三〇年に八月二八日に、上述のMorcheが委員長となって法典編纂委員会が設置され、この答申をもとに北部民法が編纂された。北部民法の調査や編纂委員会の委員には、上述のMorcheのようなフランス人だけでなく、ベトナム人の高官、法律家、文化人なども、選任されていた。北部の民法は、北部にベトナム民主共和国政権が誕生した一九四五年以後も、一九五九年に最高人民裁判所令により封建的な旧法令の効力が停止されるまでは効力を持っていた。

フランス植民地政府は、植民地の経済的な収奪を効率的に行うためには、既存の土着民の社会秩序を尊重した方がやりやすいと見抜いていたためか、保護国ないし保護領である北部トンキンや中部アンナンに、拙速にフランス法流の立法を押し付けることなく、現地の慣習を相当長期にわたって調査し、まず試行的に制定した法令をまず小規模に適用して結果を検証し、制定した法令が現地で機能するか否かを確かめながら、立法にあたっており、この立法の手法は、最近、外国ドナーから言われるままに、拙速にアメリカ統一商法典の担保取引の規定を政令に取り入れてしまっているベトナムが学ばなければならない点である。

ベトナムの独立後は、人種を圧殺する法であるとか、土地の収奪と小作農民の搾取の手段であるという理由で、すべてこれを否定する荒っぽい論調が法律学者の間でも主流であった。確かに、フランス植民地時代の法制度は、植民地時代やアメリカの侵略戦争への反動から、ベトナムにおけるフランス植民地時代の法律にはこのような性質を持つものも多いが、北部民法の内容や制定過程を詳細に検討して見ると、北部・中部の民法は、当時のベトナム人の慣習の大規模な調査の下に起草されており、決して拙速にフランス法をベトナム側に押し付けているわけではない。フランスの洗練された立法技術によって、ベトナム人の民事慣習が表現されている点でも、現在でもベトナム人が学ぶべき点が多い貴重な先例であるといえる。

これら北部、中部民法は、一般原則、人、財産、債務と契約、証拠という構成をとり（中部の旧民法は、一巻人、二巻相続、三巻財産、以下同様）、時効のようにフランス民法の構成上問題のあった部分を除いて、フランス民法の構成に大方したがっており、証拠の巻があるところは、ボアソーナードが起草した日本の旧民法と共通している。また、日本民法でもフランス法の受容の典型例であるとされる、登記名義の移転なしでも不動産に関する権利の取得は認められ、不動産登記は第三者に対する対抗要件にすぎないという規定は、そのまま北部、中部民法にも置かれている（北部民法五〇五条　中部民法五二〇条）というように、これらの旧民法は、フランス民法をモデルとしており、解釈について争いがあったときは、ベトナム語版ではなく、フランス語版によるとされている（北部民法一四五五条、中部民法一七〇九条）。

しかし、北部、中部民法は、以下のように、土着法維持・尊重の原則から、ベトナムの慣習を取り入れてフランス民法を修正している。

すなわち、まず、人事編において、フランス民法では認められない一夫多妻制が、民法上許容されてい

る（北部民法七九条、中部民法七九条）。これは、子孫の繁栄を人生の最重要事項と考えるベトナム人の慣

習を重視して、フランス民法の公序ともいうべき一夫一妻性の原則を修正したものである。

相続編においては、家産は夫婦の共有物と考え、親の遺言による遺産の処分を原則とする一五世紀のホンドック法典以来の伝統にのっとり、先祖供養のための香火（フォンホア）財産を除けば、夫の遺言により家産は自由に処分でき（北部民法三二〇条、中部民法三一二条）、遺言がない場合は、ホンドック法典以来の男女を差別しない均分相続の伝統に従い、法定相続分により、男子も女子も平等に財産を相続する（北部民法三三七条一項、中部民法三三二条）という規定をおいており、この点は、フランス民法とさして差がないが、親の債務は子が返済するのが孝であるとの儒教道徳に従い、死者の直系卑属と配偶者は、財産放棄をなしえないという規定を置いている（北部民法三一六条、中部民法三〇八条）。

また、香火（フォンホア、先祖供養のための財産）、忌田（キーデン、設定者やその家族の年回供養のための不動産）、后田（ハウデン、寄進者の祭祀を挙行するために、寺社等の宗教施設、町村隣組という地縁的団体に寄進された不動産）という相続におけるベトナム人の固有の慣習を条文化（北部民法三九四条から四四八条、中部民法四〇〇条から四五八条）している。ただし、香火分を設定者の財産の五分の一に制限し（北部民法三九八条、中部民法四〇六条では設定者の総財産の一〇％まで）、香火財産の不可譲渡性や時効にかからないという永続性を制限して（北部民法四三〇条一項、中部民法四三九条）、固定的な封建時代の農村に合致する慣習法を、財産の流通保護の観点から制約している。

フランス民法には、当事者の合意により成立する約定抵当（日本の民法はこれのみを規定）、判決により生ずる司法抵当、および夫などの法定代理人から妻や未成年者などの無能力者の財産を守る法定抵当という三種類の抵当権が存在するが、北部、中部民法においては、法定抵当は採用されておらず、合意抵当と司法抵当という二種類の抵当権を認めるのみである（北部民法一三五三条から一三七二条、中部民法一五六〇条から一六一五条）。法定抵当が採用されなかった理由は、明確ではないが、法定抵当は、被担保債権も担保不動産も特定しないため、不動産取引の安全を害するというフランス本国における批判を取り入れたのか、法定抵当権は、夫である戸主の家族財産の処分権を制限するので、戸主である夫に家族財産の処分権を与えるベトナムの慣習に合致しないとされたためであると思われる。

⑷　ベトナム現行民法と旧民法との関係

以上の北部、中部民法と後に述べるサイゴン政権時代の一九七二年民法は、現行の民法を制定する際に、司法大臣や司法省の民事・経済局の局長らの民法起草者らによって研究され、参考にされており、現行の民法の規定の中にもこれらの旧民法をモデルとした規定がかなりあるはずなのであるが、侵略者であるフランス植民地政権や、サイゴン政権の制定した民法をそのまま取り入れたと認めることは、社会主義政権下ではタブーなのか、起草者らは、現行民法の個々の条文がこれらの旧民法のどの規定に基づくかに関しては明言を避けているため、残念ながら現行民法とこれらの旧民法との関係は現在のところ明らかになっていない。

この点、現行民法は、動産質権を、基本的には質物の占有を債権者に移転するものとしながら、質物が登記されているならば、質物を債務者に残したまま質権を設定できるという二つの種類の動産質権を規定している（現行民法第三二九条一項）。他方、ベトナムには、典売（dien mai）というベトナム固有の不動産担保制度があり、北部、中部民法は、これの慣習法をモディファイして、現実的質入と擬制質入という二種の不動産質を規定している。フランス語では、nantissement reel、nantissement fictif といい、前者は債権者に不動産の占有を移転するものでいわゆる不動産質であるが、後者は不動産抵当権に近く、占有を債務者に残す代わりに不動産の権利書を債権者に交付するもので、短期の借り入れの担保とされていた。

質物の占有を、当事者の合意により、債権者にも債務者にも許す現行民法の動産質の規定の仕方は、他に類例が見つからず、フランス植民地時代の北部、中部民法の不動産質制度を参考にしているのではないかと推測されるが、現行民法の起草者らは現行民法の母法を明らかにすることを避け、諸国の民法を総合的に参照して自分達が作り上げたものであると主張するので、現行民法の個々の条文のルーツは不明となっている。

現行民法の条文のルーツないしは母法が分かれば、立法者の意思を推測することができ、裁判官等の運用者が制定者の意思を無視して、好き勝手に民法を解釈するという現在の弊害も緩和され、現行民法の解釈の安定ひいては、市場経済の基本である予見可能性、計算可能性の確保に資するし、現在のように英米法が民法の分野に進出してきている場合、これとの整合性を考える際に便利であると思うが、これは当分望めそうにもない。

＊　以上は、福井勇二郎「佛印に於ける現行原住民私法の仏蘭西化について（一）」『法学協会雑誌』六二巻一二号、同（二）六三巻二号一五八ページ、「安南古法の典売と現行安南不動産質制度」『法学協会雑誌』第六〇巻一号一一六ページを参考にしている。

2　南北分裂時代のサイゴン政権下の民法

ベトナムは一九五四年のジュネーブ協定の後、南北に分断されたが、旧南ベトナムでは、民事・商事・刑事の実体法や訴訟法に関しては、在来のフランス植民地時代の法制度が引き継がれたため、旧南ベトナムでは、フランスがベトナム人用に制定した「民律簡要」や、ザーロン法典というベトナムの古法や慣習法が適用されていた。

その後、旧南ベトナム政権のグエン・ヴァン・ティウ大統領のもとで一九七二年にフランス民法をモデルにした南部としては初めての一五〇〇ヶ条を有する民法が制定された。これは、フランス民法をモデルとしているが、夫婦の共有または個別の財産に関しては、夫がその管理権を有し、処分においては、夫婦相互の同意が必要とされ（一五三条、一五四条）、香火、忌田、后田という供養のための特殊な相続財産を認める点などで、フランス植民地時代の北部、中部民法と共通する性格を持っていた。この南部民法は、一九七五年にサイゴンが陥落するとともに廃止されてしまった。

3　社会主義政権下での民法

北ベトナムでは一九八〇年に民法の制定を決定し、起草作業を開始した。当初は、東ドイツ、ソ連、ポーランド、ハンガリー、中国という社会主義国の民法を参考にしていたが、その後、フランス、西ドイツ、カナダ、日本、タイという市場経済の国々の民法もこれを参考にした。そして、東ドイツ、ロシア、フランス、日本の専門家をベトナムに招聘し、その意見を聴取した。

ドイモイ政策が決定された一九八六年以降、市場経済の公認により、一九九〇年には相続に関する法令、一九九一年には民事契約の法令、住宅に関する法令という民法の一部をなす法令が公布された。

これと平行し、一九九一年には民法の第一草案ができたが、各官庁や学者の意見を聴取したのみならず、草案を新聞に掲載して国民各層の意見をも聴取した後に、第一四草案を国会に提出して、これが一九九五年一〇月二八日に国会により承認されて現行の民法となり、一九九六年七月一日から施行された。

現行の民法は、総則、所有権、債権、知的所有権、国際私法という一九六四年のロシア共和国民法の体系を基礎としており、これから、中央集権経済の所産である国営企業間の納入契約とかコルホーズとかソフォーズからの農産物買い付け契約の規定と、民事契約ではなく経済契約と考えられる国家組織間の基本建設契約や決済及び信用関係を削除して、市民及び社会主義的な企業、法人の双方が契約主体となりうる運送契約や国家保険契約の規定から、計画性に関する文言を取り除いて、その骨格が作成されている。

現行ベトナム民法の制定の際には、ロシア共和国民法だけでなく、フランス植民地時代や南部サイゴン政権時代の旧民法の規定が参考にされ（小作契約など）、ベトナム独自の慣習が挿入され（「家族」という主体など）、さらにフランスや日本という大陸法系の法律専門家の意見やその民法の規定（日本の場合、森島昭夫教授の意見がその例。日本民法の失踪宣告、相隣関係、精神的利益の毀損に対する損害賠償の規定などがベトナム民法のモデルになっているという）を付け加えて、現行の民法が制定された。

以上のように、現行の民法は、一九六四年のロシア共和国民法という社会主義民法だけでなく、フランス植民地時代の北部トンキン民法や中部アンナン民法、旧南ベトナムのグエン・ヴァン・ティウ政権下の一九七二年民法の規定を参考にしたり、日本の現行民法の規定を参考にしただけでなく、ベトナム民法の起草者である司法省の民事・経済局の局長の言葉によると、実際は規定の趣旨が分からないまま、日本の民法の条文を模倣したところもあるというのであるが、すでに述べたように、日本の「注釈民法」のようなコンメンタールがないために、個々の条文のルーツが不明であり、司法省の民事・経済局の局長などの民法の起草者が各条文のルーツを明確にしないため、立法者の意思を推測することができず、裁判官等運用にあたる者の解釈があまりにもまちまちで、解釈が安定しないという状況にある。

このように、植民地時代のフランス法の影響を受け、ロシア法経由でドイツ法の体系を継受したという大陸法の系譜を引くベトナム民法であるが、前述のように、一九九九年末から二〇〇〇年にかけて制定されたアメリカ統一商法典の九章（担保取引の章）をモデルとした担保取引に関する三つの政令が制定されたことにより、実質的には、英米法をも継受しているといえ、今後、これらの関係を調整してゆく必要がある。

二〇〇〇年になり、国会は、一九九六年に施行したばかりの民法を大改正することを決定した。現在民法に含まれている土地使用権や知的財産権の規定を民法から分離すべきか、逆に現在婚姻家族法として民法から分離されている婚姻家族法の分野を民法に包含すべきかという民法の構成の問題から始まり、経済契約の法令を廃止して民法に統合すべきかという民法の適用範囲の問題等、改正事項は、民法のグランドデザインそれ自体の見直しまでにいたっている。

共産党の内政委員会のアイン委員長や司法省ロック大臣の話では、二〇〇二年頃に予定されている民法の改正作業は小改正にとどまり、すでに制定・施行した政令等でうまく機能しているものを民法に取り入れながら、二〇一〇年から二〇一五年にかけて、数度の改正を経た後に、民法の大改正が完成する予定であるという。

四　市場経済の進展と法制度の未整備

　ベトナムでは、一九八六年のドイモイ政策の決定以降、市場経済が導入され、ことにドイモイ憲法という一九九二年憲法が制定されて市場経済の導入が公認され、また外国投資法がこの年に大改正されたが、このころから日本でもベトナム投資ブームが起こり、韓国やＡＳＥＡＮの国などの外国投資企業が大挙して進出してきたことにより、市場経済は急速に進展してきた。

　しかし、一九九六年度をピークに、外国投資は減少しつづけ、二〇〇〇年には、投資許可額がピーク時である一九九六年時の約一七％までに落ち込んでしまった。

　これは、一九九七年に始まったアジア経済危機により、主要な投資国であった韓国やタイやマレーシアというＡＳＥＡＮの国々が、ベトナムに投資する体力を失ったということもあるが、賃金は別として、電気、通信、土地代やオフィス賃料、運送費、所得税、売上税等々のベトナムに進出した企業のコストが周辺の国と比べて決して安くなく、また法律の未整備のため、安心して投資できないということが主因とされている。

　ベトナムでは、ドイモイ政策が本格化した一九九二年以降、外国投資関連の多数の法令や、市場経済の基礎法である民法・商法という法律が続々と制定・改正されたのであるが、他方で、中央指令経済制度の影響を受けた法思想が残存しており、新たに制定した民法、商法、外国投資法という法律がなかなか施行できない状況にある。以下には、具体的な例を挙げて、市場経済の進展と法整備の遅れの実態を説明したい。

1　裁判規範ではなく、行為規範としての法律

ベトナムでは、民法のような財産法でさえ、人民はこのように行為すべきという義務を規定したもので、そのような義務に違反した場合に、どのように裁判官が裁判すべきかという裁判規範とは考えられておらず、これが、財産法の一般法、市場経済の基本法としての民法の受容を妨げている根本であるといえる。しかし、このような根本的な思想を変えるのは非常に難しい。

民法改正支援の一環として、私が二〇〇一年三月に、明治大学の新美育文教授、早稲田大学の内田勝一教授、立教大学の角紀代恵教授、早稲田大学の秋山靖浩助手ほか、日本の民法学者とともにベトナムを訪れて、ベトナム現行民法の改正必要点について、ベトナム司法省において発表をしたときに、私が、相続の際の特別代理人という制度の必要性について触れた。特別代理人とは、例えば、夫が死亡して妻と未成年者である子が相続人になる場合、もし妻が財産の分割に関して子の代理人となると、子に相続放棄をさせるなどして、子の犠牲において自分の相続分を大きくするようなことをするかもしれないので、このように利益が相反する場合は、通常の場合と異なり、妻が子の法定代理人となれず、家庭裁判所によりその子のため、特別代理人が選任される（日本民法八二六条）という制度である。

その際、その場に居合わせた、民法の改正委員にもなっているベトナムの最高人民裁判所のある幹部氏はこのように述べた。いわく、母は子の利益のために行動するのが当然であり、そうでないような親は、

ごく例外にすぎない。法律は大部分の場合を想定して規定をおいているのであって、そのような例外的な事項について規定を置く必要がないという。

確かに、民法は、人民はこのようにすべきであるという行為規範を規定したものと考えれば、この通りで、母は夫の相続において、子の利益のために子を代理しなければならないと規定しておけば足るのであるが、市場経済における民法というのは、残念ながら、この裁判所の幹部氏がいった例外的な場合をむしろ想定し、そのような場合に備えて、ある行為をした場合には、その行為の法律効果は無効とされるというように、裁判規範として規定されるものである。

このベトナムの裁判所の幹部氏が、ＪＩＣＡによる法整備支援による民法改正支援のためのセミナーの席において、いみじくも吐露し、いならぶ日本の民法学者の先生方を暗澹たる気持ちにさせたこの考え方は、実は、かなりベトナムにとって根深い問題であるらしい。

フランス植民地時代にベトナムの古法を研究したカメルランクという学者は、西洋の近代法は、個人の自由を尊重する立場から、道徳上非難される多くの行為を許し、社会秩序を維持する必要上必要不可欠な場合に限り、個人の行為に干渉するにとどめているのに対して、一八世紀のザーロン法典を通じて伺われる中国法、ベトナム法の特徴は、いわば応用道徳にすぎず、その範囲が一般的でありかつ不明確である道徳的な命令をもって充満しており、その一例として尊属に対する尊敬とか親孝行というような道徳的に要求される感情を法律上強制していることをあげ、ベトナム古法における特徴を「法と道徳との完全な一致」と表現している（福井勇二郎「佛印における現行原住民私法の仏蘭西化（二）」『法学協会雑誌』六三巻二号、一七三ページ）。

このカメルランクという学者のいう「法と道徳との完全な一致」というベトナム古法の特徴は、現代のベトナムの裁判所の幹部氏が吐露した思考をそのまま表現しているのではないかと思える。

以上、現在のベトナムの法律家が、民法を裁判規範ではなく、行為規範として捉えるのは、社会主義法の影響であるだけではなく、どうも、社会主義以前の、儒教的な考え方も影響しているようである。民法という基礎法の改正のためには、ベトナムのように二〇〇〇年も文化の伝統のある国の基本思想の改変にまで踏み入らなければならないことになるが、そのためには世代交代が必要になるので、近代民法の本当の受容には、今後かなり時間がかかると思わざるを得ない。

2　制定・公布はされても、実際に施行できない法令

ベトナム民法では、不動産の登記が不動産の譲渡の効力要件になっており、フランス民法や、これを真似た日本民法やベトナムの北部、中部の旧民法は、不動産の登記を第三者に対する対抗要件にすぎないとしているものとは異なる規定をおいている。

日本の場合、民法の制定当時には、不動産登記が整っていなかったので、登記が不動産の物権変動の効力要件であるとする法制度を採用せず、不動産の登記がなされなくても不動産の売買等の物権変動は有効であり、登記は当事者以外の第三者に対する対抗要件にすぎないというフランス法の方式を採用したものである。

ところが、ベトナムの場合、土地使用権の登記、証明書の発行という作業がまったく進んでおらず、一九九六年七月一日の民法施行後になっても、都市部でせいぜい一〇%とか一五%くらいしか土地使用権の保存登記が進んでいないという状況であるのに、ベトナム民法は、不動産登記を土地使用権や建物の譲渡

の効力要件である規定してしまった。そのため、実社会では未登記のままなされることの多い住宅やその底地の使用権の譲渡が、民法上は無効であるということになってしまっている。

しかし、これを無効としてしまっては、実社会で行われているほとんどの不動産取引が無効となり、土地使用権や住宅が、銀行預金の代替物として重要な経済的機能を果たしている実態を著しく混乱させるので、結局登記が不動産の譲渡の効力要件であるという民法上の規定は、死文化して、法規範たることを止めてしまうということになっている。

社会調査のところで述べたように、土地使用権に設定された抵当権の登記に関しても、法律上規定された義務を履行できる状態になっていないという事情は同じである。民法には土地使用権の抵当権は登記しなければならないと書いてあるのに、住宅地の土地使用権に設定された抵当権を登記しようとして、ハノイ市やホーチミン市の住宅・土地局にいっても、土地使用権に設定された抵当権の登記手続を定めた施行令がまだないということを理由にして、当局が抵当権の登記を受理しないのである。民法において抵当権の登記は国民の義務であり、登記しないと効力がないと規定しておきながら、いざ土地使用権に設定された抵当権を登記しようとすると、国家がこれを受理せず、そのために、裁判になったときには当該抵当権が無効と判決されるのであるが、これでは、融資の担保として抵当権の設定を受けた貸主は踏んだりけったりであろう。

この点、フランス植民地時代に制定された北部トンキン民法や中部のアンナン民法にも抵当権の規定があるが、さすがにこちらのほうは、ハノイの控訴裁判所の所長であったMorcheや中部アンナンの法律顧問であったCollet ほかのフランス人の法律家が主任となって起草しただけに、抵当権に関する規定は、土地の登記簿が成立した地方にのみ適用するという規定を置いていて（北部民法一三七二条、中部民法一六一五条)、制定した法令が実際は施行できないというような状況になることを巧みに避けている。このあたりが、社会主義体制の受容によりフランスの法文化が断絶してしまったことの負の遺産であり、同じアジアの国でも、香港やシンガポールやマレーシアのようにイギリス法の伝統を断絶することなく利用できる国と比較して、市場経済の発展という点では、ベトナムが圧倒的に不利な点である。

すでに述べたように、ベトナム政府は、二〇〇〇年三月にコンピューター化された登録制度を利用する動産担保の登録システムと動産担保の登録機関を設置することを規定した担保取引登録の政令第〇八号を施行したが、その後一年経過しても、コンピューターの配備や動産担保の登録所の施設もできず、登録しにゆくべき登録所がないため、結局動産等の担保取引を登記できないとか、民法上、債権者が受領を遅滞しているか、拒絶しているような場合、供託所に供託して債務をまぬかれることができると規定されているのに、供託所がまだ設置されていないので、結局供託により債務をまぬかれることが出来ないという状況にあり、物的インフラの整備状況を無視して制定された法令が、まったく施行できない状況にあるという例は枚挙に暇がない。

あまりに皮肉な言い方かもしれないが、強制力をもった規範を法の定義とすると、事実上施行できないために、強制力を持ちえないベトナム民法の規定の多くやその施行法令は、先進国で定義される「法」というものではなく、ベトナム政府の希望とか、努力目標のようなものにすぎないといえる。

3　法令の公布日と施行日との間の短さ

ベトナムの法令全般の欠点として挙げられるのは、公布日と施行日との異常な短さである。民法や企業法など大法典の場合は、公布日と施行日との間が半年から一年くらいあって、施行法令を作成したり、周知のための時間があったが、政令や省令などの下位法令の場合、通常、交付日から一五日以後に施行され、ひどい場合には公布即施行され、おまけにその法令に罰則がついていたりするときもある。

これによってもっとも被害を受けるのは、一般のベトナム人やベトナムの企業とは異なり、ベトナム法を厳格に遵守することを強要されているベトナムに進出した外国資本であり、特に輸出入関係の法令が頻繁に変更されることが多いため、原材料や機械をベトナムに輸入することの多い外国資本は、公布日と施行日の間隔のあまりの短さに対応できずに、苦労をすることが多い。ある機械や原料をベトナムに輸出しようとする場合には、一年や半年前にはコスト計算をして輸出の計画を立てるのであろうし、機械や原料を船便で輸送する場合には、到着までに少なくとも一ヶ月くらいの時間がかかるのは通常であるのに、ベトナムへの輸出の可否や、関税率や、関税の計算方法が、度々変更され、このような法令が突然公布され、月二回発行される官報にも載らないうちに一五日経過したとして新法令が施行されたり、場合によっては法令が、公布即日に施行されたりする。そのためベトナムで事業を展開する企業、特にベトナムでは生産できない機械や原料を使用する外資系の企業は、輸入できると思ったものが突然輸入できなくなったり、関税率や関税の計算方法が突然変更されたりするために、機械や原材料を輸入しても採算に合わなくなってしまう場合も出てきてしまうことになる。

民法の関連では、一九九九年三月一〇日に制定された担保取引登録の政令第〇八号が、この良い例である。この政令第〇八号は、司法省の傘下に不動産や船舶、航空機以外の担保取引（動産担保や債権質）を管轄する新たな担保取引登録機関を地方省に一つずつ設置することにしたのであるが、その新たな機関の設置のための物的・人的な予算も立たず、コンピューターによる担保取引の登録システムの構築もなされていないのに、この政令は公布後たった一五日で施行されてしまった。さらに悪いことには、この政令〇八号は、アメリカ統一商法典の第九章のノーティス・ファイリング・システムというまったくベトナム人法律家にとっては、未知の担保登録制度を取り入れているのに、運用にあたるベトナム人の法律家に周知する時間もないままに、施行されてしまったのである。このように内容的にも革新的で、物的な設備の整備もしなければならない法令は、準備期間が二年あっても足りないくらいであるが、この政令第〇八号の場合、準備期間はたった一五日しかなかったのである。

ハノイの日本商工会は、ベトナム政府と投資環境整備について話し合う年次協議において、法令の公布日と施行日の間隔の短さについて何度も指摘しているのであるが、ベトナム政府はその場では理解を示しても、具体的に制定される法令においては、この欠点はまだ改善されていない。

予見可能性と計算可能性の確保というのは、市場経済の基本中の基本であるが、ベトナム政府内の立法にあたるものは、このような基本を一般論としては知っていても、本当には理解していないため、法令における公布日と施行日の間隔の異常な短さは一向に改善されない。

4　経済契約の法令の存在と民法の機能不全

旧ソ連や一九九九年三月の統一契約法を制定する以前の中国においてそうであったように、社会主義国には、財産法を経済法と民事法とに峻別する考え方があり、民事法は、個人が主体となる消費と生活に関する小規模な財産関係を規律し、経済法は国営企業等の社会主義組織（法人）が主体となる生産に関する大規模な財産関係を規律するという考え方がある。

ベトナムは、この民事法・経済法の峻別論を受け継ぎ、一九九一年四月二九日付けの民事契約の法令（Phap Lenh《ファップ ライン》）と一九八九年九月二五日付けの経済契約の法令（Phap Lenh）という二つの法令を制定したところ、一九九六年七月一日に民法が施行されることにより、民事契約の法令は廃止されたが、経済契約の法令は依然効力をもつものとされた。

ベトナムでは、財産に関する契約の目的が経営（kinh doanh《キン ゾアイン》）に関するもので、契約主体の少なくとも一方が法人である場合には、経済契約の法令が適用され、民法その他の民事法は、契約の目的が生活や消費に関する場合に適用されるとされる。

そのため、総則では法人の規定を置き、所有権の章では、国営企業や社会主義的組織の所有権の規定をおいている民法も、民法中の土地使用権の章では、個人と家族の、宅地と農林水産業用地についてのみ規定しており、経済法の規律範囲と伝統的には考えられる企業や法人の生産や営業用の土地使用権に関する規定を置いていない。

八三八ヶ条を有する民法に対して、経済契約の法令は契約総論に関する四五ヶ条をおくのみで、契約各論の規定を欠く。また、それは、指令経済下における国営企業間の物資納入契約を念頭においているためか、品質の基準とか、計画遂行のための違約罰の規定が詳細な割には、金融機関が締結する融資関連の契約に適用できる規定など、民法の契約の章に規定されている多くの規定が欠けており、すでにベトナムにおいて締結されている複雑多岐な企業間の契約を到底規律できる内容になっていない。

さらに、ベトナムにおいては、省級裁判所内に民事裁判所と経済裁判所の区別があり、係争価値が五〇〇〇万ドン（一米ドル一万四〇〇〇ドンとして、約三四四八米ドル）以上の経済事件の第一審は省級の経済裁判所が専属管轄を有しているが、民事契約と経済契約との区別が明確でないために、管轄に関する争いが多く、さらに、経済契約から派生した紛争の訴権の消滅時効期間が、紛争発生後六ヶ月という短期であることとあいまって、紛争が生じて、弁護士の所に相談にいったときには、すでに訴権が時効で消滅していたということが頻発している。

ハノイ法科大学の経済法の教科書の中では、ドイモイ政策による市場経済の導入後も、国家の計画・指示に従う契約がまだベトナムにおいては存在し、これを規律するのが経済契約であるとされており、これからすると、ベトナムの公式見解ではまだ指令経済制度を完全には廃棄しておらず、指令経済システムに符合すべき経済契約の法令も廃棄することができないかのようである。

経済契約と民事契約の峻別論が引き起こしている混乱は、バンプリー建設対ファンティエット・ゴルフ開発事件と、ヒョスン対ＶＰ銀行事件という、現地の英字新聞をにぎわした二つの事件からも伺い知ることができる。

バンプリー建設対ファンティエット・ゴルフ開発事件は、一九九五年一〇月一三日に、タイの建設業者であるバンプリー建設が、アメリカ系の合弁会社であるファンティエット・ゴルフ開発に対して、ゴルフ場の建設代金を求めて、ビントゥアン省の省級裁判所に提訴したものである。

この事件では、民事裁判所が管轄を持つか否かについて、被告から妨訴抗弁（原告が提訴した裁判所には、管轄がないという主張）が出されたが、ビントゥアン省の省級裁判所は、一九九六年一月二九日に、ゴルフ場建設契約は、ゴルフが日常生活と娯楽に関するものであるので、経済契約ではなく、民事契約であると判示した。この事件の控訴審である最高人民裁判所のホーチミン市支部の控訴裁判部は、原告は外国の法人でありベトナムで営業登録をしていないので、ゴルフ場建設契約は、民事契約であるという理由を追加している。

また、韓国の輸出業者であるヒョスンが、ベトナムの輸入業者であるベトナムの国営企業のために、信用状（L／C）を発行したベトナムのVP銀行に対して、信用状に基づき輸出代金相当額の金員の支払いを求めた事件で、ベトナムの最高人民裁判所は、一九九八年六月、信用状は、契約ではなく、外国契約の一部に過ぎないという理由で、信用状は経済契約ではなく、民事契約であると判示した。さらに、この判決は、信用状を発行した銀行を訴える前に、債務者である国営企業を訴えるべきであると判示したが、これは信用状に関する国際的な慣習に反すると、国際的な批判をあび、ファーイースタン・エコノミック・レビュー誌など国外のマスコミに叩かれたり、ジュネーブで行われたWTO加盟のための予備交渉において、加盟国からこの問題点を指摘されたりした。時の首相ボーバンキエットは、一片の判決が、我々の積み上げてきた外国に対する信頼を破壊してしまったと激怒し、最高人民裁判所に判決の見直しを命じたといわれている。そのためか、現在では、信用状に基づきベトナムの銀行に対して、金銭の支払いを求める訴えを提起した場合、裁判所は受理はするが、事件を進行させせない状態であると現地の弁護士から報告されている。財やサービスを交換する契約が誠実に履行され、これが破られたときには、公正な裁判手続きで、迅速にこれが執行され、実現されることにより、投下資本の回収可能性と経済活動の予見可能性が確保されるというのが、市場経済の基礎であるが、このような状況では、いくら外国投資法で優遇措置を作ったり、民法や商法を制定してみても、市場経済は機能しない。

上記いずれの事件も、営利法人間の営利目的の契約であり、これが企業活動を規律する経済契約ではなく、民事契約であるというのは理解がしがたい。バンプリー建設対ファンティエット・ゴルフ開発事件に関しては、ゴルフそれ自体は娯楽であり、日常生活と関連するかもしれないが、ゴルフ場建設契約は、建設会社とゴルフ場開発会社という営利法人間の営利目的の契約であるので、その目的は「経営」であり、経済契約ではなかったかという疑問があるし、ヒョスン対ＶＰ銀行事件でも、同様のことが言えよう。このあたりの区別は、裁判官の胸先三寸で決まるので、裁判官の汚職の原因にもなっている。

さらに日本などヨーロッパ大陸法系の市場経済体制の国々では、民法が私法の一般法であり、商法や農地法や消費者保護法というような特別法がないかぎり、どの財産関係にも民法が適用されるという考え方がある（英米法系ではそもそも民法と商法の区別をしない）が、現在のベトナムでは、民法が財産法の一般法として考えられていない。むしろ、民法は消費と日常生活に関する財産関係を規律し、土地法は土地使用権という特殊の財産を規律し、銀行や信用機関は銀行や信用機関の活動を規律し、企業法や外国投資法は、国内外の企業の活動を規律するのであって、それぞれの法には固有の適用範囲があって、民法は銀行等の信用機関や、企業の活動には適用されないというような考え方がなされている。しかし、市民が、店舗兼住宅の建設のため、銀行から資金を借りた場合（店舗部分は経済契約で、住宅部分は生活にかかわるので民事契約？）、企業がバイクのような耐久消費財を市民に売却する場合（企業からすると利潤の追求なので経済契約、市民からすると消費という生活のためなので民事契約？）、市民が転勤のために使用しなくなった土地の使用権を企業に譲渡する場合というように、異なる法分野に属すると理念的には考えられている分野が交錯する場合には、たちまちこのような民事法・経済法の峻別論と各財産法の固有の適用分野論は破綻し、このような各場合に、適用される法律が不明になるため、契約を締結するなどの際に予見可能性を欠き、市場経済の発展を阻害するという状況にある。

二〇〇一年になって、最高人民裁判所が、経済契約の法令の改正案を作成し、これが国会に提出されたが、国会では将来これを廃止して民法に統一する方向で立法作業をすることが検討されていると聞いている。

現行の民法、商法、外国投資法の英訳や和訳を斜め読みした人は、意外と整った外観の法律を持つベトナムの法整備がかなり進んでいると錯覚することがある。しかし、すでに述べたように、現在のベトナムにおいては計画経済下の法思考が残っており、法の運用や解釈にあたる裁判官や法務関連の公務員などの法律家や法学者の市場経済法に関する素養が低すぎるため、民法や土地法等の法令を正しく運用できないし、判例には価値がないと考えられ、必ずしも公開されていないため、判例が成文法のすきまを埋める機能を果たすこともできず、書かれた法としては立派な民法がうまく機能しないのが、実態である。

5　「家族」という特殊な法主体

ベトナムは、建国以来絶えざる外国の侵略にさらされてきた国であるから、外国からの独立という心理が強く、この精神が立法にも表れており、法令を起草する場合には、外国の諸例を参考にするが、特定のモデル法を決めることはなく、諸国の例を総合して、最終的にはベトナム独自のものを作るという考えがあり、これが実際に実行されている。

主権国家であるから、これは当然のことであるが、法学の水準が高くないベトナムにおいては、この姿勢が大変深刻な社会的混乱を生じさせていることがある。

その例としては、私がベトナム司法省と共同して実行した社会調査であきらかとなった、民法上の特殊主体である「家族」（ho《ホー》 gia《ザー》 dinh《ディン》、漢字で書けば「戸家庭」）という概念（現行民法一一六条ないし一一九条）の混乱があげられる。

民法上の主体を自然人と法人に分けるのは、ローマ法以来の西洋法の伝統であると思うが、ベトナム民法は、これに逆らい、自然人でも、法人でもない「家族」という主体を作ってしまった。ベトナム司法省作成の民法の説明書では司法省が起草した当初の草案は、主体として個人と法人のみを規定していたが、これを国会に提出したところ第一〇草案から、「家族」と「合作組」という特殊な主体が国会により加えられた。民法の制定の際に、国会で「家族」を民法の主体とするか否かに関して議論があったが、ベトナムの慣習と、家族単位で農林漁業の生産活動や小規模な商売がなされるという実情から、土地使用の主体と経営の主体である「家族」を、民法上の主体としたとされている。

ベトナムの家産制度については、仁井田陞という中国法制史を専攻する著名な学者が、中国の相続法と、ベトナム最古の法典である一五世紀のホンドック（洪徳）法典にあらわれた相続法を比較しておもしろい結論をだしている。すなわち、中国においては、家族の財産は、父と男の子の共産制であり、家父長は家産を任意に分割することができず、主として男の子が相続人となるのが原則であったが、ベトナムでは、家産は父母に属し、子は家産に対する持分を持たず、父母は遺言によりこれを生前贈与または遺言の方式により、自由に処分でき、遺言がない場合には、先祖礼拝のために、長子に香火分という多少の割増分を認めるほか（家産の二〇分の一という）、性別、年齢を問わない均分相続制度が採用されていたという（仁井田陞「黎《れい》氏安南の財産相続法と中国法」『東洋文化研究紀要』第五冊二〇九ページ、一九五四年）。

この点、ベトナムの土地法によると、土地使用権は地方政府である人民委員会により人民に交付されるが、ＪＩＣＡによるベトナム法整備支援で行なった社会調査を通じて、ベトナムでは、ほとんどの場合、土地使用権は個人ではなく、「家族」に対して交付されていることが分かった。さらに、社会調査により個別の家庭を面接してゆくと、「家族」の家長である父及びその妻が、結婚して「家族」から離脱しまった娘などに「家族」に交付されたはずの土地の一部を贈与するという例が非常に多いということも分かった。

ベトナムで、父母が「家族」に交付されたはずの土地使用権を、「家族」から離脱したはずの娘に贈与してしまう例が多いというのは、まさに、一五世紀のホンドック法典にあらわれた、家産の父母専有制と遺言による自由処分というベトナム古来の慣習に基づいているのではないかと疑われるのである。

人は、一五世紀のホンドック法典に規定された慣習が西暦二〇〇〇年を過ぎた現在、生きているはずがないと思うかもしれない。しかし、フランス植民地時代の一九二二年三月八日に、フランス人を裁判長とするハノイ控訴裁判所は、以下のような判決を出している。すなわち、夫を無くした妻が、亡き夫の家族の同意なく夫の遺産である田を売却した場合に、ハノイ控訴裁判所は、ホンドック法典の三七六条（亡夫が幼児を残して死亡し、再婚した妻が幼児の財産を売却する際には、亡夫の家族の意見に従うとの規定）と三七八条（家族の一員が、正当な理由なく両親または祖父母の死亡後、子または孫の財産を売却することを禁ずる規定）をベトナムの民事慣習と認定して、この慣習法に基づき、田の売買を無効と判示した。この判決の日からすでに八〇年近く経っており、その間に、ベトナムの政治体制は、フランスからの独立後、南北の分裂と社会主義化により激変したが、家産に関する基本的な民事慣習は、このような政治体制の変化にも関わらず、現在まで、生き残っているようである。

このホンドック法典に表明されている伝統的なベトナムの家産制度が、現行民法の家族という主体の基礎になっていると思われる。このように、家族という主体が、ベトナムの伝統に深く根ざすものであるがゆえに、反対意見があったにもかかわらず、国会において家族が民法上の主体となることになったのであろうし、また家族を主体としたことから派生する法的問題点を指摘すると、中年以上のベトナム人は感情的に反発するか、あえてこれに目をつぶるという反応を示すことになるのであろう。

しかし、ベトナム民法上の家族のように、個人でも法人でもない主体を作ってしまうとなにが困るかというと、「家族」の構成員が、「家族」の財産に対して持分を有しているか否かが法律上明確ではないため、次のような場合に困ることになる。すなわち、ある土地の使用権が、地方政府により、ハノイのある農家の「家族」に交付されたとしよう。この「家族」の戸主は、父親のAさんで、ほかに奥さんBと二人の子供C・Dがいるとする。女の子であるCが結婚してホーチミン市で商業を行っている家庭に嫁し、あらたな世帯を形成した場合したが、その後、戸主のAさんが死亡したとする。社会主義の土地法の考え方だと、娘のCは土地を使用する必要がなくなったので、「家族」から離脱し、土地の使用権は、残って農業を営む奥さんのBと子供のDからなる「家族」に帰属するはずである。ベトナム民法七四四条は、一年生の作物を植えるために土地を使用する場合にこのような規定をおいている。もし、戸主のAさんが、家族に交付された土地使用権に関して持分を有しており、これが相続されるものであれば、家族を離脱して、もはや土地を使用する必要のない娘のCも父親であるAの持分を相続し、ベトナム民法七四四条の規定にも関わらず、「家族」から離脱して農業をやめたCは、実家に交付された土地使用権に対する持分を持つのではないかという疑問が生じるのである。土地の権利の相続というのは、世界中どこでもありふれた問題のはずであるが、現在のベトナムではこれがどうなるか不明なのだ。

また、地方の人民委員会が土地法を理解していないため、政府の決定では家族に交付された土地なのに、土地使用権証明書が個人としての戸主の名義で交付されることが多く、混乱を極めている。政府の発行した土地使用権証明書を信用して、戸主個人から土地を買ったら、後に、戸主の「家族」の構成員から、その土地使用権は、「家族」のものであり、自分達構成員の同意がないので、土地使用権の譲渡は無効であるという主張がなされることになってしまい、不動産取引の安全を害することがはなはだしい。一九九三年の土地法が制定されるまでは、土地使用権は譲渡できなかった（土地上の住宅は譲渡できたが）ため、そもそも土地使用権は取引の対象ではなかったので、このような問題は生じなかったであろうが、一九九三年以降は住宅と土地使用権ともども譲渡することができるようになったし、実際は非常に頻繁に土地や住宅が取引されているので、不動産取引の安全は考えざるを得ない。

私が司法省と共同で行った社会調査によると、ハノイ三六通りというハノイの旧市街では、地価が高いこともあって、兄弟同士の土地をめぐる熾烈な相続争いが多く、そのため、老いた親は、生前に家産を処分して、金に換え、子供達に分配しておくことも最近増えているという。

以上の「家族」という法主体の理論上の問題点を整理すると、①家族の構成員の範囲と確定方法、②「家族」の構成員が持分を有し、これが相続され、また処分できるのか、③「家族」に帰属する財産を有効に処分するための要件はなにかという諸点が不明確であるという点が指摘できよう。

第一の、「家族」の構成員の範囲や確定方法が明確でない点に関しては、以下の問題点が指摘できる。

① 家族の構成員は戸主を中心として何親等までの家族なのか。
② 家族の構成員は成年のみか未成年も含むのか。
③ 家族の構成員は、日本の住民票にあたる「ho khau《ホー　カウ》」（漢字で戸口）の記載に従い、確定されるのか。
④ 共同の経営活動を行う「経営家族」と宅地の交付を受けた「土地使用家族」で、同様に考えてよいか。

「家族」構成員の範囲や確定方法については、民法は沈黙しており、明確ではない。

民法制定前に、低い公務員の給与を補うため、公務員の家族の構成員に、小規模の商業をなすことを認め、これによる収入は免税とするという一九八八年三月二九日付けの政令二九号が制定されているが、これによると、家族の構成員は、日本の住民票にあたる「ho khau《ホー　カウ》」（戸口）に記載されている者のうち、就労可能年齢に達したものとされている。

ベトナムでは、戸籍（ho tich《ホー　ティツタ》）という言葉が使用されているが、それは出生、婚姻、死亡、養子という個々の事実に関して証明する証書が発行され、これが役所に登録されるというフランス方式のもので、日本のように一世帯の血縁関係がわかる戸籍というものはベトナムには存在しない。

他方、日本の住民票にあたる「ho khau《ホー　カウ》」（戸口）は、公安が人民の住所を管理することを目的とするので、農村においては、血族以外で雇われている者も、その家族の家に居住していると、「ho khau」に記載されてしまう反面、海外留学で長期に海外に居住していると、血族でもこの「ho khau」から抹消されることがあるというので、家族の構成員を決定する際には、必ずしも、この「ho khau」を基準にすることは妥当ではない。

一九九五年七月付けの英訳民法草案（クリフォード・チャンスとベイカー・アンド・マッケンジーという英米系ローファームの訳）の第六二条には、「家族」のメンバーは、「common resident registration」を有していなければならないとされているが、現行民法は「家族」の構成員の確定方法については、沈黙している。これによると、ベトナム民法の起草者は、一旦は、「ho khau」（戸口）により「家族」の構成員を確定しようとしたが、結局、これを諦めたようである。

また、「経営家族」の構成員は、共同の経営活動を行う以上、成年で民事能力がなければならないのではないかという指摘があり、他方、「土地使用家族」は、生活上土地を使用するものであるから、その構成員は、未成年や民事無能力者も含むと解釈すべきとの意見があるが、これらが民法上どう解釈されるかは、いまだ未解明の問題である。

第二の「家族」の構成員の持分に関しては、以下の問題がある。

① 構成員は家族の財産に対して持分を有するか。

② 持分を有するとして、その共有の性質は。

③ 各構成員の持分は処分しうるか、または相続されうるか。

④ 結婚などにより、新たな家族を形成し、家族を離脱した構成員は、旧家族の財産に対する持分を有するか。

⑤ 家族の財産中のある構成員の持分が、その構成員の債権者の責任財産となるのか。

この点、前述の一九九五年七月付けの英訳民法草案の六四条三項は、「家族」の構成員が「家族」の共有財産に対して持分を持つ旨の規定をおいているが、この規定は、現行民法上削除されている。「家族」の構成員の持分については、前述したように、ベトナムの伝統では、父母のみが家産に対する持分を有し、子は持分を持たないという結論になるが、この点、現行民法上どうなるか、まだ未解明の問題である。

第三の「家族」に帰属する財産を有効に処分する要件に関しては、戸主が単独で処分できるのか、家族の構成員の同意が必要なのかという問題がある。前述の英訳民法草案の六五条二項によると、家族の共有財産に関する売買等の取引については家族の構成員の同意が必要であるとされていたが、現行民法ではこの規定は削除されてしまっている。ベトナム司法省の雑誌「民主と法律」(一九九五年十一月、二二七ページ)によると、このような草案の規定は、父母の他の家族の構成員に対する権限を制限するので、財産に関する紛争の解決を困難にし、社会の安定を損なうと国会議員から批判されたため、この規定は削除されてしまった。

この点、民法と人民委員会が出している通達やその実務との間には矛盾がある。現行民法一一九条一項では、戸主が「家族」の名義で行った行為は「家族」の財産に効果が及ぶとされ、戸主が単独で家産を処分できるかのような規定をおいている。しかし、ホーチミン市においては、「家族」の土地使用権を処分する際に、「家族」の構成員全員の同意が必要であるという人民委員会の通達が出されており、実務はこの通達にしたがって処理されているので、実際には、戸主が家族の構成員の同意を得ずに、「家族」に帰属する土地使用権を処分できるわけではない。

その他、ハノイの旧市街やホーチミン市の市内のように、古くから土地や建物の個人所有が認められていた地域において、現在、これらの地域の土地使用権や建物は「家族」が持つのか、「家族」の構成員である自然人の共有となっているのか、「家族」に帰属するとして、いつからそうなったのかという問題も未解決である。

ヨーロッパ的な法制度をアジアに適合するようにモディファイしたのが日本の民法その他の法制度であり、これこそベトナムが行いたいことであるため、ベトナムでは、日本の法律がモデルとしてベトナムに適合するとよく言われるが、少なくともベトナム民法における「家族」という概念は、移行経済体制下における土地使用権の個人への交付に関する政策決定の中途半端さと、立法技術の未熟さのため、ヨーロッパ的な法制度である民法のシステムをベトナムの伝統や実情にあうようにモディファイし損なって、ひどい混乱を生じさせた失敗例であると評価せざるをえない。個人とは異なる「家族」という社会的な実体を重視したいというベトナムの志は汲むとしても、それを表現する法的技術があまりにも未熟であり、今後は「家族」という法概念を廃止し、個人を主体として、「家族」の財産は合有の規定で規律するか、「家族」を法人とする方向で改正してゆくほかはないといえよう。

6　代理制度の不備

ベトナム民法には、代理の規定もあるし、委任の規定もある。また、商法には商事代理という制度もある。

しかし、ベトナムの契約の実務上、法人の代表者である社長自らが商事契約（経済契約でも同様）に署名しないと、副社長や支店長やその他の商業使用人によって署名された契約は無権代理で無効であると判断されるという恐ろしい問題点がある。

日本の、というより、市場経済体制の国ではどこでも、法人の代表者自身が署名しなくても、副社長や、支店長や部長や課長など、法人の役員や使用人が署名した契約や合意書は法人の契約として有効であるし、仮に法人の内部でこれらの者の権限が制限されていたとしても、それを知らなかった相手側にはそのような制限を法人が主張できないとされて、商取引の安全が図られているのが通常である。

しかし、ベトナムの場合は、事情が異なる。例えば、副社長が署名する場合には、経済契約の法令によると、個別の契約に関して代表者である社長からいちいち委任状を取得する必要があり、この委任状は、公証役場で公証される必要がある。さらに、再委任は不可と解釈されているため、ハノイに本店のある企業のホーチミン市支店の支店長に委任状が出されていても、支店長が再委任をすることができないために、部長や課長クラスの人が契約書に署名することができず、企業がビジネス・チャンスを失うという問題がある。

この点は、保険事業法の制定の際にも問題とされており、全国に多数の代理店や支店を持つ保険会社が顧客と損害保険や生命保険の契約を締結する際、個別の契約に対して保険会社の社長自らが署名すること、または社長自らが公証役場に赴き委任状を作成するのは不可能であるという問題がベトナムの大手国営保険会社から指摘されていた。日本で、日本生命や東京海上の社長が、ニッセイレディーというような保険外交員が取ってくる生命保険や、東京海上の代理店が取ってくる自動車損害保険や海外旅行保険など、日常的に大量に締結される定型的な契約書に自ら署名しなければならないか、または社長自らが個別の契約ごとに公証役場に出向いて委任状を作成しなければならないとしたら、社長は署名マシーンと化して朝から晩まで個々の契約に署名し続けなければならないことになるが、そんなことをしていたら、三日もたたないうちに、社長は腱鞘炎《けんしょうえん》になって倒れてしまうし、委任状を作成する場合でも、社長は毎日公証役場に待機して、毎日かんずめになって、委任状を作成し続けなければならず、これでは、会社の経営などできないであろう。このような滑稽なことがまじめにまかり通っているところがベトナムであり、このようなところが、法整備の不備が経済の発展を阻害していると言われるのである。

私がいままで見た日本企業がベトナム企業と締結した契約書の中には、意図的にか、ベトナム側の企業の副社長が署名したものがかなりあったし、その中には日本企業が契約違反に基づきベトナム企業を訴えようとしたものもあった。しかし、このような契約の多くは、ベトナム人社長の委任状がないので、無効であり、その履行を強制できないものが多い。

もちろん、合弁契約のように非常に重要な取引の場合、日本側はベトナム側の社長の署名を要求するであろうし、これをベトナム側が拒否すれば契約をしないか、契約を承認する会社の取締役会の決議書を要求するであろう。しかし、そこまで重要ではないが、企業が日常的に行う商事契約について、いちいち企業の代表者の委任状が必要であるとされると、企業の規模が大きくなった場合、社長自らが、日々大量に締結される商事契約にいちいち署名するというのは、考えただけでも不可能であり、ベトナム法による企業における代理制度は再構築されなければならないといえる。

五　ベトナムの裁判所と裁判

ベトナムの裁判制度は、三級二審制である。大きく分けると、ベトナムの裁判所は、最高人民裁判所と地方人民裁判所に分かれ、地方裁判所は、県級と省級（省の下に県がある）に分かれるので、三級制といわれる。また、県級裁判所が、第一審だと、省級裁判所が控訴審になり、省級裁判所が、第一審だと、最高人民裁判所が控訴審になるので、二審制度が採用されているといえる。

最高人民裁判所は、組織的には国会のもとにあり、ハノイの本部のほか、中部のダナンと南部のホーチミン市にも支部がある。省級の人民裁判所が第一審であると、最高人民裁判所が控訴審となるが、この場合、控訴人が最高人民裁判所の所在地に出かけるのではなく、昔のアメリカの巡回裁判所のように、最高人民裁判所の裁判官が、地方の裁判所に出張して控訴審の裁判を行うという。したがって、控訴審を担当する最高人民裁判所の裁判官は、長旅に耐えられるように比較的若く、体力のあるものが選任されるという。ベトナムでは、最高裁判所の裁判官にも、体力が必要なのである。

これに対して、地方人民裁判所は、直接的には司法省の監督を受ける。裁判官研修所が司法省の監督下にあって、裁判官に法学士号を取らせたり、基礎法学の研修をしているが、最高人民裁判所も、研修所を持っており、地方人民裁判所の裁判官が誤った裁判をしたときに、ここにその裁判官を呼んだり、教官が出張したりしてその裁判官を再教育するという。このあたりは裁判官の独立性という理念からは問題であるが、裁判官の法的資質が必ずしも高くない現状を考えるとやむをえない面がある。

裁判官の法的資質であるが、残念ながら、これはあまり高いとはいえない。国内の法学教育が断絶してしまったことから、法学士号を有していない裁判官が多数いたため、司法省傘下の裁判官研修所に在職課程を設置し、これらの裁判官につけ焼き刃的に法学士号をとらせたが、いかんせん、民事・商事法という市場経済関連法の知識はおせじにも高いとはいえない。以前は、裁判官は、年少の頃から革命運動に従事してきた者のうち、警察や軍務に従事しているうちに多少の法律知識を持つようになった者から選任されてきたので、県級裁判所の所長クラスでも日本でいう高卒の資格をもっていない者がいるといわれ、最高人民裁判所の裁判官でも、高校卒程度の学歴しかもっていないものがつい最近までいたほどである。現在は最高人民裁判所の場合、在職課程により全員法学士号を取得したというが、これはつけ焼き刃的な法学士号の授与にすぎない。赴任直後の一九九六年末にハノイ市の裁判所を訪ねたときは、〝今年からは〟法学部を卒業した裁判官を採用するといっていた。

ベトナムの裁判制度は、筵《むしろ》旗を持った小作人や労働者の代表者が、革命の敵である悪徳地主を広場に連れ出してつるし上げ、地主が借金の担保物として農民から取り上げた土地を没収するという人民裁判を原型にしていると考えるとわかりやすい。民事事件や刑事事件の第一審では、人民裁判であるため、ブルジョワや貴族の出身者が多い職業裁判官ではなく、小作人や労働者といった法律の素人の参加を許さなければならないので、三人の合議体は、二人の人民参審員という法律の素人と一人の職業裁判官から構成されるのが原則である。また、人民裁判は革命の一手段であるので、革命の敵に抵抗する猶予を与えないため、迅速に処理されなければならない。よって、当事者は一応、第一審の判決に対して控訴ができるが、革命の敵である地主に革命の進行を妨害する時間的な猶予を与えないように、裁判は控訴審を入れても一年ほどという短期間で終結してしまい、これで当事者は上訴する権利を失う。他方、このような素人による人民裁判は、法律の素人が参加するものなので、法令に違反することが多いと予想されるため、判決の確定という概念はなく、検察院の院長や裁判所の所長が申し立てると、監督審という上級裁判所の職業裁判官のみが行う判決見直しの手続きが行われ、判決が破毀されることがある（監督審の場合、当事者には、監督審の申立てをする権利がなく、申立権は裁判所長や検察院の院長にあるので、三審制でなく、二審制である）。

日本人との関連では、ハノイの日本人駐在員が、ハノイ市の税務局を相手にして、税務決定の取消訴訟を提訴し、これに勝訴した事件がある。争点はいろいろあり、計算ミス、日越二重課税回避条約違反、「所得」の解釈の変更による遡及的な課税の強化等であったが、裁判所は、一九九八年九月三日の判決で、計算ミスを理由に、日本人の原告を勝訴させた。

この事件は、外国人がベトナム政府を訴えた初めての事件で、外国人が勝訴した例として、現地の英字紙に取り上げられた。ただし、日越二重課税回避条約違反の点は、争点として原告側が主張しているのに裁判所はこれをまったく判断せず、判断を回避してしまった。

この裁判の過程において、ベトナム的なのは、税務署側が訴訟中にこの日本人を代理したベトナム人女性弁護士に日本人の代理をやめるように圧力をかけ、これを無視したこのベトナム人弁護士のところに査察に入り、申告漏れを理由に、何千ドルも取り上げていったということである。これが男の弁護士なら、税務署とつるんでしまうのではないかと思われるが、気の強い北ベトナムの女性らしく、その後も税務署の圧力に決して屈しなかった。ベトナムでは、女性の方が仕事のパートナーとして信頼が置けると一般に言われているが、これは本当かもしれない。

六　法廷の実際

ハノイにある最高人民裁判所の本部は、フランス植民地時代のハノイ控訴裁判所のフレンチ・コロニアル建築の建物をそのまま使用しており、最高人民裁判所のホーチミン支部も、一八八五年に建設されたフランス植民地時代のサイゴン控訴裁判所であったフレンチ・コロニアル風の建物を使用している。旧サイゴン控訴裁判所であったホーチミン市の最高裁判所の支部は、正面の二階に上がってゆくと、高い天井のホールがあって、円柱の上部にはコリント式の装飾がほどこしてあり、美術館にでもしたいような瀟洒な内装がほどこしてある。

法廷も、フランス植民地時代のつくりそのままで、椅子や机などの設備も、基本的にはそのまま使用しているようである。

ベトナムでは、人民裁判の伝統のためか、政治的な事件を除き、裁判の一般公開は徹底されている。ハノイの省級人民裁判所の構内で、行商のおばさんが、煙をもうもうとあげながら、ブンチャーという焼肉入りソバに入れる肉を焼いているのを見たこともあるし、傍聴人も多く、法学部の学生が勉強のために傍聴している例も多かった。私が見た限りでは、ベトナムの裁判は、日本よりむしろ一般人民に近い存在で

▶ホーチミン市最高人民裁判所支部

▶ハノイ最高人民裁判所　上智大学の小林秀之教授と

あるような気がする。

私も何度か法廷は傍聴したが、ホーチミン市の省級人民裁判所で見た少年事件はベトナムの裁判の実態を表しており、非常に勉強になった。

まず、法廷の構造であるが、法廷の前は一段と高い壇になっており、中央には五人分の席があり、二人の職業裁判官と、三人の人民参審員という素人が座っていた。壇上の向かって左には、検察官の席があり、右には書記官の席がある。弁護士の席は壇の下にあるか、または傍聴席の一番前が弁護士の席になっていて、アメリカや、戦後その影響を受けた日本の法廷の構造とは異なり、弁護士や被告人が検察官とは対等には扱われていないフランス方式の法廷の構造である（日本の法廷も戦前はこのような構造であった）。

被告人らは、白地に灰色の縦じまのはいったパジャマのような囚人服を着ており、フランス映画に出てくる囚人の姿そのものである。被告人らは、法壇の前のバーの前で終始起立させられており、これでは、無罪の推定というよりも、有罪の推定がかけられているといってもよい状況である。

その日の事件は少年五人の強盗傷害事件であり、被害者も少年という事件であった。裁判長が一方的に被告人らに尋問をしてゆき、終始裁判長の主導で審理が展開されていった。被告人には黙秘権はなく、真実を語る義務がある。検察官は、はじめに起訴状を朗読しただけで、その後に尋問はしなかった。陪席裁判官と人民参審員の一人が裁判長の質問の後に補充質問をして裁判所の質問は終わった。

最後に、弁護人に弁論の機会が与えられたが、五人も被告人がいるのに、弁護士は一人だけで、ほんの数分一方的に演説をして弁論は終わってしまった。

判決がその場で言い渡されたが、一人は証拠不十分で無罪、四人は有罪で懲役刑であった。面白かったのはその後である。かなり広い傍聴席には、被告人である少年達の親族や被告人や被害者の同級生と思わ

◀ハノイ市人民裁判所法廷内部

▶ハノイ市人民裁判所

ホーチミン市人民裁判所にて
女性所長と◀

れる少年少女がぎっしりと詰め掛けており、手錠を掛けられて公安職員に腰縄で繋がれている被告人である少年たちは、泣き叫びながら追いすがってくる親族や、駆け寄ってくる同年齢の少年・少女たちの群れの中を掻き分けるようにして、外に待っている護送車に向けて歩いていった。少年たちの母親や親友と思われる人たちが、外の中庭に待っている護送車にまで駆け寄ってすがりついており、私は、閉廷とともに一斉に外に踊り出た傍聴人らに圧倒されて、法廷の中で、呆然と立ち尽くしてしまった。これが殺人事件であったりしたら、うらみをいだいた被害者側の親族から被告人が逆に刺し殺されることはないのであろうかと心配になってしまう。もちろん、ベトナムの裁判所には金属探知機などはなく、私が見たところ、裁判所に入る際には、荷物チェックもなされていない。

閉廷後、大騒ぎとなったこの法廷の廊下には、次の審理を待っている三〇台の男性と目される囚人が待っており、手錠は掛けられたままであったが、妻や母親と目される女性にタバコを差し入れてもらって、廊下でおいしそうにタバコを吸いながら、家族とのひと時を楽しんでいる様子であった。

以上、日本では勾留された刑事被告人は、法廷の脇の専用の廊下を通じて法廷に出入りし、被告人の逃亡防止、安全確保、プライバシーの保護という観点から、泣き叫びながら、すがりよってくる傍聴人らを掻き分けて、被告人を法廷の外に待たしている護送車まで歩かせるというようなことはしない。また、日本では被告人は裁判所の構内でタバコなど絶対吸わしてもらえないので、裁判所の法廷の外の廊下で、身柄を拘束されて縞柄の囚人服を着た被告人が家族の差し入れのタバコをふかすというのはベトナムチックであり、ベトナムにおける人間の管理は、日本よりよほど人間的であると感じるところである。

七　いたるところにある権利保護のすきま

現在のベトナムには、文書化された法令が〝紅河の砂の数〟ほどもあるといえ、この英訳文を見た限りでは、それなりに法整備の進んだ国であるかのような外形を呈する。

しかし、法律が紙の上に書かれて、成文化されていることは、その法律が法規範として機能していることの十分条件でも、必要条件でもない。英米法のコモンローという慣習法の例を見てみればわかるが、コモンローは、過去の裁判例から法学教育と職業訓練を受けた法律家が発見するものであり、法典という形で成文化されることが要求されるわけではない。しかし、コモンローは、人々から守るべきルールであると意識され、かつ、このルールを破ったときに、これが裁判手続きにより強制執行されるがゆえに、法として存在し、かつ機能をする。

逆に、成文化された法律によりある権利が認められていても、人々がこれを守るべきルールとして意識しないとか、またはその権利が侵害されたときに、これが公正な司法手続きを経た後、執行機関により強制的に実現されなければ、実際に、その権利が認められているとはいえず、そのような権利は、絵に描いた餅《もち》に過ぎない。国際条約の場合、成文はあっても、強制執行ができないことが多いので、国際条約は法ではないという議論があるほどである。

残念ながら、現在のベトナムでは、権利が書かれた法で認められていても、これが実際に、司法手続きを通じて保護されず、また強制執行できないことが多いので、絵に描いた餅《もち》のような権利が多い。その格好の例を二つあげて見ることにする。

(1) 土地紛争をめぐる裁判所と人民委員会の管轄

ベトナムの土地法には、「権限ある機関が発行する土地使用権証明書」というものが規定されているが、これは通称〝赤本〟といわれ、中央政府に属する地政総局が作成したモデルに従い、表紙が赤で、左に土地の所在や権利者の氏名、右に公図が記載されている。ところが、ホーチミン市の住宅・土地局によると、通称、〝ピンク本〟と呼ばれる、住宅の所有権証明書と住宅用の土地使用権の証明書が合体した証明書や、ホーチミン市人民委員会が以前発行していた〝緑本〟と呼ばれる地政総局が作成したモデルと内容は同じであるが、表紙が白地でタイトルの文字が緑色の土地使用権証明書がある。ホーチミン市の人民委員会は、同市の発行した〝緑本〟も赤本と同じ効力があると主張しているが、他方、最高人民裁判所は、赤本のみが、土地法にいう土地使用権証明書であるという規則を制定している。

そうすると、何が困るかというと、土地にかかわる紛争の管轄が異なってしまうのである。土地をめぐる紛争というのは、おそらく古今東西、世界中のどこの裁判所でももっともありふれた訴訟事件であると思われるが、ベトナムの土地法によると、土地使用権証明書が発行されていない土地に関する紛争の解決は、地方の行政府である人民委員会がこれを管轄し、証明書が発行されている土地に関する紛争の解決は、司法裁判所が管轄する。土地使用権の証明書が発行されていない土地は、まだ政府の土地の交付手続きが終了していないので、土地の交付を行う人民委員会が、この土地に関する紛争の解決をするという趣旨であると思われる。

これを前提にして、ホーチミン市において緑本を持っている人の土地に関して、紛争が生じた場合を考える。最高人民裁判所の規則によると、赤本が発行されていない以上、これは合法な土地使用権証明書がない場合にあたるので、人民委員会がこの紛争解決の管轄を持つ。よって、この事件が訴訟として裁判所に持ち込まれたときは、裁判所は事件を却下する。他方、ホーチミン市の人民委員会に言わせると、緑本が発行されている以上、合法な証明書が発行された土地使用権といえるので、これをめぐる紛争の解決は裁判所の管轄ということになり、人民委員会は、事件を受理しないことになる。そうすると、緑本を所持している土地紛争の当事者は、この紛争を、人民委員会でも裁判所でも解決できないということになってしまい、その結果、当事者が、実力で解決したり、または、紛争解決機関でない公安が民事関係に超法規的に介入して解決したりするようになってしまう。

同様なことは、〝ピンク本〟という住宅の所有権とその周りの土地使用権の証明書の場合にも生じうる。住宅という建物の所有権に関しては、証明書の有無を問わず裁判所がその紛争の解決につき管轄を持つ。しかし、〝ピンク本〟が証明する住宅の周りの土地の使用権の範囲が不明確なので、証明書の有無を問わない住宅の所有権に関する争いはよいとしても、その周りの土地のどの範囲までを裁判所が解決してよいのか、証明書のない土地として人民委員会の決定にゆだねるべき事項なのか、裁判所は迷うことが多いと、ホーチミン市人民裁判所の裁判官は話していた。

⑵　外国当事者との紛争に関する裁判と仲裁

外国投資家は、一般的にいって腐敗しており自国の当事者に有利な判決を下しがちな発展途上国の裁判所で、外国投資をめぐる紛争を解決することを避ける。そして、外国投資家とベトナム側が締結する合弁契約などで、紛争が生じた際には、シンガポールなどの国際仲裁センターで紛争を解決するというように、外国の国際仲裁で紛争を解決するという条項が入っているのが通常である。

ベトナムは、外国で下された仲裁判断を国内で強制執行することを規律する一九五八年のニューヨーク条約に加入しており、これを施行する国内法を制定した。その政令によると、「ベトナムの民事執行法に従い」、外国で下された仲裁判断を執行するとあり、ベトナムの政府関係者は外国投資家に対して、常にこの規定を誇らしげに説明する。

しかし、この国内法には、大きな落とし穴がある。この外国仲裁執行に関する法令が引用している「ベトナムの民事執行法」にあたる民事判決の執行に関する法令には、強制執行できる文書というものが列挙されており、これには各種の判決は含まれているものの、肝心な仲裁判断がのっていない。よって、結局のところ、外国の仲裁判断は、ベトナムにおいては強制執行できないという落ちがあるのである（現在、起草中の判決執行法の草案では、この点が是正されているが、これは将来のこと）。

また、ベトナムにおける合弁契約等、ベトナムで外国当事者が締結する契約書の中の紛争解決に関する条項の中には、国内の仲裁所またはシンガポール（ないしはストックホルムなど）の国際仲裁所から両当事者が選択した場所で行うという規定が置かれていることが多い。

日本の建設業者が、注文者であるベトナムの企業に対して、このような仲裁条項に基づいて、未払い報酬の支払いを求める仲裁の申し立てを、ハノイの商工会議所付属の国際仲裁センターになそうとしたところ、ハノイの商工会議所付属の国際仲裁センターは、この仲裁条項では「国内の仲裁所」と規定されているだけで、ハノイの商工会議所付属の国際仲裁センターを具体的に指定していないので、本件は受理しないという見解を表明した。

では、国内の仲裁が受理されないという理由で、本件をベトナムの経済裁判所に訴えたらどうなるかというと、相手方は、仲裁条項の存在を理由にして、裁判所の管轄がないと主張し、裁判所はこれを認めるものと思われる。

そうすると、この例で、報酬の不払いにあった日本の建設業者は、ベトナム国内では仲裁も裁判も申し立てることができず、その報酬請求権は、強制的に履行できないことになり、画餅になってしまう。

残るは、シンガポールなどの外国における国際商事仲裁であるが、このほうは、通常ベトナム側は応ずるつもりも、これに応ずる費用もないのが通常なので、シンガポールの港でベトナム船籍の船舶が差し押さえられている場合でもないかぎり、ベトナム側は欠席でこれに応ずることはないし、ベトナム側欠席のまま外国当事者の勝訴の仲裁判断をシンガポールなどでとっても、すでに述べたように外国の仲裁機関により下された仲裁判断は、現行法上ベトナム国内では執行できない。よって、ベトナム側は、蛙の顔にしょんべんとばかりに、涼しい顔をして外国で下された仲裁判断を無視するであろう。

以上のような、権利保護のすきまはいたるところにあり、書かれた法としては、一見、整備されているように見えるベトナム法は、その実効性という面では、大きな問題をはらむ。

八　ベトナムの弁護士

ベトナムの弁護士制度は、複雑である。ベトナム人の弁護士と称する人の名詞には英語では、lawyerとか、attorney at law と記されているが、日本の弁護士やアメリカのローヤーという概念とは必ずしも同じものではない。

ベトナムには、「律師」（Luat Su、ルアット スー）と律家（Luat Gia、ルアット ザー）という二種類の弁護士がいる。「律師」（Luat Su）は日本の弁護士やイギリスのバリスターに似ていて、当然に法廷で依頼者を弁護・代理する権限を持っている。「律師」になるためには、大学の法学部を卒業するか、これと同等の法学教育を受けた後に、「律師団」（Doan《ドアン》 Luat《ルアット》 Su《スー》）から仮入会を認められ、各省の弁護士会でそれまでの法律職の経験に応じて六ヶ月から最長二年の研修を受け、弁護士会の行う試験に合格した後に、司法省の同意を得て、各省の「律師団」から「律師」のライセンスを受けるというプロセスを経る必要がある。日本と異なるのは、日本弁護士連合会に相当するベトナム全国組織の「律師団」がなく、各省単位の「律師団」しかないことである。「律師」の数は少なく、私の在任中はハノイで七〇名くらい、ホーチミン市で一六〇名（その後、二〇〇一年になり、「律師」の数は倍くらいに増加したと聞いている）くらい登録しており、全国でも一〇〇〇人くらいしかいない。「律師」は、すでに功なり名を遂げた専門家に対する名誉職という色彩が強く、特にハノイの「律師団」は、新規入会者を制限する傾向が強いため、ハノイに事務所を有して活動している「律師」でも、実際はハノイの周辺の省で律師登録をしている「律師」が多い。

「律師」に関する規則上、「律師」は、訴訟事件においては、顧客と直接報酬のやり取りをするのではなく、「律師団」を通じて顧客との報酬のやり取りをし、「律師団」は報酬のうち二〇％から三〇％を手数料として「律師」から徴収することになっている。法令上、当然に依頼者を法廷で弁護・代理しうる「律師」であっても、法廷に出廷する際には、個別の事件ごとに、「律師団」が発行した「律師」の身分証明書を裁判所に対して提出しなければならないので、これを「律師団」から発行してもらう際に、「律師」

は自分の事件の係争額を報告しなければならず、「律師団」はこの報告額から算出された報酬額の二〇％から三〇％をピンはねするという仕組みになっている。「律師」は、実際、「律師団」のピンはね額を最小に押さえるため、係争額を過少に報告するようである。

ドイモイ前は「律師」の仕事はほとんどが刑事事件であったようであるが、現在では、「律師」が代理する民事、経済事件も増加しているという。

他方、「律家」（Luat Gia）は、大学の法学部卒業かこれと同等の法学教育を受けたことが資格の要件であり、特に資格試験や研修を受けなくても良い。裁判官、検察官のほか、司法省などの政府に勤務する法務関係の公務員や、民間の弁護士がこれにあたる。日本と異なり、法律上、法律事務の弁護士独占はなく、「律師」でなくても、依頼者から報酬を得て契約作成等の裁判外の実務を行うことができるし、裁判所の許可を受ければ、「律師」でなくても依頼者を代理して法廷で弁論ができるので、外国企業をクライアントとする渉外事務所で働いているベトナム人弁護士の多くは、「律師団」において最大二年も、週に二日くらいはただ働きをしなければ資格が付与されない「律師」になる意味がないとして、「律家」の身分のまま法律実務を行っている者が多い。ハノイに一〇〇〇人くらいの「律家」がおり、全国で一万三〇〇〇人くらいの「律家」がいるという。

「律師団」と異なり、「律家」の場合、非政府機関としての全国組織のベトナム「律家会」（Hoi《ホイ》 Luat《ルアット》 Gia《ザー》）という組織があり、ハノイに中央執行委員会を有しており、地方の省、県、社の各行政レベルに支部が存在するほか、国会組織の中（例えば裁判所、検察院、司法省など）にも支部がある。五人の「律家」が集まれば、一つの支部を設立できる。ベトナム「律家会」は、会費等の自己財源を持つほか、政府から補助金を得て活動を行い、裁判官選任委員会の構成員になるなど、政府の機関としての機能を果たすこともある。

現在、弁護士法の改正がベトナムにおいて議論となっており、ＪＩＣＡによるベトナム法整備支援計画においても、二〇〇〇年度より、ベトナム司法省や裁判官研修所の所長らが、日本の弁護士制度の調査のために、日本弁護士連合会で日本の弁護士制度に関する講義を受けたり、日本の弁護士事務所の視察をしたりしている。

ベトナム司法省によると、「律師団」への仮入会の条件が不明確で、実際、「律師団」が新規会員の参入を著しく制限しているため、特にハノイのような大都市において「律師」の数が人口に比して少ないという弊害がでているので、弁護士自治は理解するとしても、このような不当な新規参入制限を規制するために、「律師団」に対する司法省の監督を強める方向で弁護士に関する法令を改正したいという意向を持っているが、これに対して「律師団」のほうは、弁護士自治に対する侵害になるとして反発しているようである。また、「律家会」のように、全国組織のベトナム「律師団」を作るか否かという点も議論されていると聞く。

九　ベトナムの大学法学部事情

ベトナムの社会主義政権下では、先に書いたように、法はブルジョワの支配道具というマルクス理論に従い、大学の法学教育は不要なものとされ、北部では一九三〇年にハノイに設立されたインドシナ法科大学が一九五四年に閉鎖され、南部ではサイゴン解放後の一九七五年にサイゴン大学の法学部が閉鎖されてしまったので、北部でハノイ大学の法学部が一九七六年に設立され、一九八七年に南部で法科大学の分校が設立されるまで、北部では二〇年以上、南部でも一〇年以上国内の大学で法学教育が存在しないという状況が続いていた。現在では、ハノイにハノイ法科大学とハノイ国家大学の法学部があるほか、私立のドンドー大学やタンロン大学に法学部の設置が認められており、中部には、最近設立されたばかりのダナン大学の法学部があり、南部にはホーチミン市法科大学とカントー大学の法学部がある。

日本側は、当初、私に、司法省傘下のハノイ法科大学で継続的に講義をさせようとしていたのであるが、これはハノイ法科大学側の事実上の受け入れ拒否にあって実現しなかった。

ハノイ法科大学側は、二枚舌を使い、日本から短期で来る調査団の前では、日本の専門家はなんでもできるようなことをいうが、調査団が帰っていざ、現地にいる私がハノイ法科大学でなにかしようとすると、実際には受け入れを渋るのである。そのため、日本の調査団側から、武藤はさぼっているのではないかと非難されてしまったことがある。

ハノイ法科大学は、大学という名前がついているが、その教員は、学長以下すべて司法省の職員であり、学問の自由という憲法理論で独立性を保障されている日本の大学の学長とはまるで異なる存在である。ハノイ法科大学は、裁判官養成学校としてのルーツを持つので、公務員の要請機関という色彩が強く、外国人に対する警戒が強いらしい。結局、三年三ヶ月いて、ハノイ法科大学で、一日のみ日本とベトナムの民法の比較という題で、記念講演のようなものをやったが、これでさえ、司法大臣の文書による許可書をとり、司法省の方から大学側にプレッシャーをかけて、いやといえない条件を作ったからで、日本側の期待のように、毎週のようにハノイ法科大学にいって講義をするということは到底できなかった。ハノイ法科

ハノイ法科大学にて

私立タンロン大学で　ムイ学長と桜木和代弁護士

ハノイ大学法学部　Viet 学部長　Gioo 副学部長

大学の敷地内には、フランス政府の Maison du Droit（越仏法学舎）という建物があり、そこにはフランス人の弁護士が一人常駐しているが、彼も同じ状況のようだ。

さらに複雑なのは、司法省とハノイ法科大学との関係である。ハノイ法科大学は司法省に所属し、その学長といっても、司法省の本省の局長レベルにすぎない。

しかし、一般にいって、ハノイ法科大学の教員の収入は大変よく、司法省の職員の収入とは比較にならない。副業で弁護士をやって、ベンツに乗っているハノイ法科大学の教員がいると聞いている。ハノイ法科大学にとって、大きな財源は、地方の公務員の在職課程のための地方巡業である。ベトナムでは、地方の人民委員会の副委員長や、警察の副所長などの幹部がさらに出世するためには、法学士号を取得することが義務付けられており、そのために、ベトナム政府は在職課程で法学士号を取得できるコースを設けたが、ハノイ法科大学の教員が、地方に出張してこの在職課程の授業を行うのである。この在職課程の授業料は受講者が支払うのであるが、生徒は皆、地方の人民委員会の幹部とか、公安の幹部という地方政府の幹部であり、授業料の払いもよいので、この在職課程は大変実入りがよい。司法省の職員も、ハノイ大学で講座を持つことがあるが、実入りのよい地方巡業はまわしてもらえず、あまり実入りのよくない正規の学生の授業を担当するという。

また、司法省傘下のハノイ法科大学とは別に、教育訓練省傘下のハノイ総合大学に属するハノイ総合大学法学部がある。こちらは、学生数五〇〇〇人におよぶハノイ法科大学より小ぶりの学生数一二〇〇人くらいの学部であるが、この方は、学部長が外国人と直接協力協定を結ぶ権限を有しているためか、学部長のヴィエット氏や副学部長のザオ氏は、日本との協力に乗り気で、日本人が講義をすることはいつでもウエルカムであるという。

日本の東京大学で数学を修めたムイ学長が経営するハノイにある私立のタンロン大学は、いまから五年ほど前に法学部の設置が認められ、一年目の学生が入学して、池田浩明君という中央大学の法学部の学生が留学していたが、その後、なぜか、法学部のみ定員ゼロという状態が続いている。法律は、あくまで国家管理の道具であり、国家の監督が行き届かない私立大学には、法学部を作らせないという方針なのか、今後の推移を見守らなければならないだろう。

十　ベトナム政府の市場経済化のための法整備に向けた努力

ベトナム法整備が遅々として進まないのを見ると、ベトナム政府は法整備への努力を怠っているかのように思われるかもしれないが、私の見るところ、ベトナム政府は、法整備のためにかなり努力をしており、改革にともなう混乱をはらみながらではあるが、ベトナム法は、年々市場経済化に向け、進化し続けていると評価できる。

この例としては、企業法の制定による、国内の会社設立の際の特許主義の廃止があげられよう。

一九九九年六月に企業法が成立するまでは、国内で、株式会社や有限会社を設立するためには、地方の人民委員会から許可を受けなければならなかった。そして、この許可の基準が法律で決まっておらず、人民委員会の自由裁量にゆだねられているため、株式会社や有限会社を一つ設立するためには、地元の人民委員会とコネのあるものが、合計数十個といわれる印鑑を押してもらうたびに手数料を支払い、それでも申請から何年も経たないと、設立許可が下りないという状況であった。

当プロジェクトにおいて、浜田・松本法律事務所の中村聡弁護士と名古屋大学の中東正文助教授をハノイに招いて会社法のセミナーを開催した時に、優秀な商法の専門家である司法省の民事・経済局のV女史は、日本では、会社を設立するときに、当局の許可がいるかという質問をあえてした。V女史は、JICA・ベトナム司法省のプロジェクトのスタディーツアーにより、来日経験があるため、日本の会社法の内容はよく知っているのにもかかわらず、あえてこのような質問をしたのである。当時は、企業法を制定しようとしていたときであり、このセミナーには、企業法の法案起草委員会のメンバーが出席して、企業法の草案に対するアドバイスが、日本の短期専門家からなされていたのであるが、当局の個別の許可がないと会社が設立できないという許可主義ないし特許主義を廃止し、法律が明文で要求している条件が形式的に満たされていれば、自動的に会社の設立登記が受理され、会社が設立されるという準則主義に変更するというのが、当時のベトナムで企業法を制定する際の大きな論点であった。

V女史ら、市場経済法を理解しているベトナムの法律家は、準則主義を採用した企業法の草案に賛成していたのであるが、人民委員会の恣意的な許可制度により利益を受けている人たちや、企業の設立許可を国家による経済管理の必須の手段として考える保守主義的な人たちが、これに反対していた。

そこで、V女史は、日本の短期専門家から、証券会社や銀行という特殊な例を除き、会社の設立においては、日本では準則主義が取られているという言葉を引き出し、反対派を押さえる外圧として利用しようとしていたようであった。企業法の立法に際して、ベトナム政府は、欧米、オーストラリア、日本等、実に多くの国の企業法制度を研究し、それらの国から専門家を招いて、その意見を聴取しているが、アジアで唯一の先進国であり、経済大国である日本の会社の設立が、準則主義によるというのは、反対派にはかなり痛手であったようである。

国会における激しいディベイトの結果、企業設立における準則主義は、企業法において採用された。

現在は、これをさらに実質化するため、ベトナム政府は、二〇〇〇年の二月に、準則主義で法人格を取得した後に要求される各種の営業許可のうち、不要と思われるものをまず八四個廃止する決定をした。改革派に属する中央経済研究所の Le《レー》 Dang《ダン》 Doanh《ゾアイン》 博士によると、不要な営業許可は、少なくとも四〇〇個は指摘できるという。

日本でもそうであるが、役所は自らの許認可権を失うことに対して強烈に抵抗するという性格を持つ。国家から交付される予算では職員の日々の暮らしをまかなうにも足らないため、許認可権をてこに、手数料収入を得て、自前の予算を捻出しなければならないベトナムの官庁は、みずから主管する分野の許認可権が、不要なものとしてリストアップされたことに対して、強烈に抵抗しており、許認可権としては廃止されても、設立許可事項を営業条件として残し、設立後の企業の検査を強化して、その際に〝調査手数料〟を取り立てると嘯いている役人もいるという。そのため、政府は、企業に対する検査に関する政令の制定を予定しており、役人による不要な企業検査による〝たかり〟を防止しようとしている。

以上は一例にすぎないが、ベトナム政府は、種々の障碍に直面しながらも、中央統制経済から、市場経済に向けて、法整備を進めてゆこうとしていることは否定できない。

第三章　ベトナムでの生活編

一　ベトナムでの生活状況

日本にいる人は、ベトナムは物価が安いので、生活費も安くて済むでしょうと言ってくれる人が多い。たしかに、食費は安い。香草が一束約五〇〇ドン、朝に食べるうどんのｐｈｏ《フォー》が一杯約四〇〇〇ドンくらい（平成二〇〇一年三月現在、一米ドル＝一万四五〇〇ドン）という値段である。しかし、私が赴任した一九九六年当時は、外人向けの賃貸住宅は非常に高かった。ＪＩＣＡに依頼して赴任前に韓国の大宇財閥が経営する外人用のアパートを押さえてもらっていたが、そこは家賃と消費税と管理費を入れると月の支払額が四五〇〇米ドルであり、おまけに家賃三ヶ月分の敷金を入れなければならない。しかも、当初は、司法省のオフィスの電話が国内しか利用できないために、仕事上の電話も自宅ですることが多かったので、月の電話代が一〇〇〇米ドルを越えてしまったこともあった。ベトナムの国際電話代は、高いといわれる日本よりもさらに高い。ＪＩＣＡから家賃の補助がかなり出るのであるが、とても足が出てしまう金額であった。

しかも、ＪＩＣＡの本部から当プロジェクト用のお金が送金されないうちに、司法省で開催するセミナーがいくつかあったので、翻訳代等のセミナー経費をベトナム側に支払ってやる必要があるが、月給が二四米ドルほどの司法省の職員がこれを立て替えられるはずもないので、合計二万米ドルほど司法省に〝つなぎ融資〟をしたこともあった。ベトナムの生活費はそれほど安くないと聞いていたので、当座の生活資金として現金を六〇〇万円ほど準備してきたが、あっという間に銀行口座がさびしくなってしまった。

▶三年間住んだダイウ（大宇）アパート

月に四〇〇〇米ドルの家賃というとさぞかしすばらしいところであろうと想像されるかもしれないが、九〇平米くらいのアパートであり、ベトナム人には天井が低い、フレッシュエアーがないと不評で、東京からの客は別として、名古屋や大阪から遊びに来た弁護士らは値段にしては狭いといっていた。

ベトナム人は、しきりと私のところに一戸建てのビラが格安で借りられるという話を持ってきたが、一戸建てに入居した日本人がみな空き巣に入られているということを聞いていたので、妻を連れてきた以上、このようなビラに入るつもりはなかった。このようなビラは、一見瀟洒な豪邸風で、一度は住んで見たいと思うようなところも多いのであるが、まず、空き巣に狙われることが多いこと、停電が多く、断水もしばしばあること、配管が古いために漏水が必ずといってよいほどおきること、天井が高いためクーラーが効きにくいことという欠点があり、見た目とは異なり、非常に住みにくいのである。六月から八月にかけてハノイは、最高気温が四〇度近くまであがり、湿度は九〇パーセント以上、特に六月には落雷による停電、断水がしばしば起こるの

クオン（Cuong）司法次官一家をダイウアパートの自宅に招いて◀

▶ダイウアパートで商務省のフンさん一家とお正月を祝う

司法省の職員らとともにダイウアパートの自宅にて◀

ダイウアパート前の青空マーケット

で（最近はかなり減ったが）、家のなかは蒸し風呂状態になって居られない。ハノイでビラを借りていた白人が、絵を掛けるために壁にくぎを打ったら、壁の向こうに縦横無人に走っている高圧電線を打ち抜いてしまい、感電死したというコワイ話も聞いている。

ダイウ（大宇）アパートは、その点、水は自前で浄水しており、天井が低く、大容量のクーラーがついているので乾燥度が高いこと、お湯や水がふんだんに出ること、故障がおきるとワーカーがいつでも修理してくれること、レセプションのスタッフが出入りする人を二四時間監視していて、ベトナム人がアパートの中に入る場合、レセプションのスタッフが身分証明書を取り上げてしまうため、アパート内に不審な者が侵入してくることが困難であるという利点があった。住居費用は高かったが、三年間たいした病気もせずにいられたのは、ダイウアパートにいたおかげであると思う。

ハノイは、一般にいって、治安がよいといわれる。たしかに、市内であれば、夜女性が一人歩きしてもさして危険ではなく、テロやクーデターや誘拐の続発する〇〇スタンと呼ばれるような国々や中国、アメリカとは比較にならないほど治安はよいし、フィリピンやインドネシアなどの近隣の東南アジア諸国と比べても、格段に治安がよい。しかし、空き巣は非常に多く、日本人でも一戸建てに住んでいる人の多くは、空き巣の被害にあっており、コンアンというベトナムの公安（日本でいう警察）が発行している雑誌には強盗殺人事件もしばしば登場しており、またこういうメディアにでない事件も多数あるので、言われているほど治安がよい訳ではないと聞いていた。

ハノイの治安は一国の首都としては非常によいけれど、油断してはならない。

二　ハノイの四季

ハノイの一年は、太陽暦の二月のテトと呼ばれる旧正月から始まる。一月から三月にかけてハノイの空は毎日どんよりと曇って、小ぬか雨が降り続き、まったく太陽を見ないという憂鬱な日が続く。色彩に乏しく憂鬱なテトの時期を多少とも慰めてくれるのは、テトの飾りに使われる濃いピンクの桃の花や、黄色い実をたわわに付けた金柑の木のみである。ハノイの北のホータイ（西湖）の北西に、桃や金柑の畑があり、その南にあるブオイ（ザボン）市場のそばには、農家の人達が桃の花や金柑の木を道路に並べて、にわか市ができる。この季節の最低気温は、せいぜい八度くらいであり、さほど寒くないはずなのであるが、ベトナムの役所や家は夏向きに作ってあって、床はタイル張りで、絨毯はなく、暖房は入っていないので、部屋の中は底冷えがするし、外は風が強く、バイクなどで走っていると、皮のコートがないと寒くていられない。ベトナムは年中暑いと思っている日本人が多いが、南部のホーチミン市などとは異なり、北部のハノイでは、一月から三月の冬には、薄手のコートかジャンバーが必要である。

三月の終わりから、昼間に太陽が照ると気温はぐっと上昇し、四月の始めにかけて短い春がある。ハノイは亜熱帯であるが、このころには亜熱帯の常緑樹も、新緑の季節になって、若草色の若芽をつけ、マメ科の背の高い木が小さな白い桜のような花をつけて、街路に彩りをそえる。

四月も中旬になるとすでに気温が急激に上がり、日中はクーラーが必要になる。ハノイのホアンキエム湖の周りやハイフォン市の町中に、火炎樹が燃えるような赤い花を咲かせるのもこの頃である。六月になると最高気温が三五度を越え、湿度も九〇パーセント近くになり、とてもつらい季節になる。午前中の強い日射により、ハノイの上空には巨大な積雲ができ、午後になると成長しきった積雲の上に薄いレースのようなカナトコ雲が傘のように開き、積乱雲になる。夕方頃になると、この積乱雲から、ドシャぶりの雨が降り注ぎ、雷電が一晩中鳴り響き、ハノイの市内の道路は、川に変身する。ある年、六月に日本から来た弁護士や学者とともに、ソフィテル・メトロポール・ホテルの東にあったオペラ・レストランの半地下で食事をしていたら、道路からあふれた水がレストランの中に浸水してきてしまって、食事中に緊急避難をしたこともあった。また、ある六月の夕方にタクシーに乗ったら、スコールに合い、タクシーが川と化した道路から一瞬浮き上がって、船になってしまったこともあった。もっとも、このようにひどい市内の浸水は、一九九八年くらいから改善されたけれども。

六月をピークにして、気温は落ち始め、八月には曇り勝ちになって六月よりは気温が下がるが、それでも三〇度は越しており、湿度も九〇%近くあるので、非常に過ごしにくい。

一〇月になると、さすがのハノイも涼しくなってきて、一一月から一二月にかけてはさわやかな晴天が続いて日本の秋のような気候になり、一年で一番いい季節となる。

三　ハノイのフレンチビラ

ハノイには、フランス植民地時代にインドシナ総督府が置かれていただけに、フランス植民地時代の建築物が今でもかなり残っている。まず、ハノイ市の中心にあるホアンキエム湖の南岸から東にのびるチャンティエン通りをまっすぐ東に向かう。ここは、フランス植民地時代にはホテルや時計屋などの高級商店が並んでいたところで、ハノイ銀座ともいうべき通りである。このチャンティエン通りの中ほどの交差点の左手に創業一九〇一年というソフィテル・メトロポールホテルがある。ここには、旅行好きであったサマセット・モームも滞在したという。西側の旧館の部屋は、高い天井に、御婦人の化粧部屋もあるフレンチ・スタイルそのままのつくりである。一時は、国営化されてトンニャット（統一）ホテルと改称され、ねずみやゴキブリが這いまわる劣悪な状態になってしまっていたが、フランスのソフィテルグループがベトナム側と合弁を組んで、リノベートしてから、フランス植民地時代の雰囲気を取り戻したようである。計画経済時代にサービス業という概念が一旦忘れ去られてしまった北ベトナムでは、ホテルやレストランで、ウエイターやウエイトレスが、食べている最中の皿や飲み物を持っていってしまったり、下に落ちたフォークを平然と机の上に置いたり、それを客に売ると自分にマージンが入るプロモーション中のビールやウイスキーやワインを注文することを強要してくることも多く、こちらがそれに抗議をすると、公然と

Ⓐハノイ、ソフィテル・メトロポールホテル、Ⓑハノイオペラ座、
Ⓒハノイ大使館街北フランス風のビラ—雪を落すためのとがった屋根

自己の行為を正当化してくるので、彼らとのやり取りで精神的に疲れて、寛げないことが多い。これに対し、ここソフィテル・メトロポールのレストランやカフェーは、フランス人支配人の教育がよいのか、給与がよいためスタッフの能力が高いのか、ベトナム人スタッフのマナーがよく、駐在初期の頃には、ゆったりと過ごすことのできるほとんど唯一の場所であった。

ソフィテル・メトロポールホテルの西向かいには、旧トンキン理事長官の官邸であった現在の迎賓館がある。このあたりは、フランス植民地政府の政治の中心であった。

さらにチャンティエン通りをまっすぐ行くと、大きなラウンドアバウトの向こうに、一九〇一年から一九一一年まで、一〇年の歳月をかけて建設されたオペラハウスがある。このオペラハウスの建築の際には、フランス本国から建築資材をすべて輸入したといわれ、今ではクリーム色に彩色され、イオニア式の装飾のある柱に囲

Ⓐハノイ大使館街、屋根の平たい南仏風ビラ
Ⓑ～Ⓓハノイのフレンチビラ

まれた堂々たる建物である。一九〇〇年代始めというと、北部トンキンの農民達は、ベトナム人地主とフランス植民地政府の双方に搾取されて、食うや食わずの状態であったと思われるが、そのような時によくもこのような贅沢な建物を造ったものだと思う。このような歴史的な建造物というのは、人民の膏血を搾り取って初めて造られうるものなのであろう。

ハノイには、ホーチミンと比べ小ぶりであるが、瀟洒なフレンチビラも多い。ホアンキエム湖の北から西に向かい、旧市街のハンガイ通り（麻屋通り）、ハンボン通り（綿屋通り）を過ぎてさらに北西に行くと、Tran《チャン》 Phu《フー》通りという大使館街に出る。Tran Phu通りの左右には、各国の大使館や大使の公邸になっている小ぶりのフレンチビラが立ち並び、背の高い街路樹が亭々と立ち並ぶレンガを張った広い歩道を歩いていると、とてもベトナムとは思えない光景である。

このようなハノイのフレンチビラにも歴史的な

ハノイ旧市街カウ　ゴー（Cau Go）通りの越仏折衷様式のビラ——「香瑞」という屋号が見える

変遷があり、一八八三年から一九二〇年頃までの植民地の第一期のビラは、フランスの地方建築、ことに北部・中部フランスの建築様式を反映しているという。屋根のとんがったものは、雪を落下させるための北部フランス様式であり、屋根の平たいものは南部フランス様式であるそうだ。確かに、ドイモイ後にベトナム人が作った三階建てのペンシルビルと呼ばれる家の上に、イスラム教のモスクのミナレットではないかと疑われる意味不明の尖塔が乗っかっていることが多いが、これは、北部フランス様式のビラのとがった屋根を真似たもののようである。雪の降らないベトナムに、雪を落下させるための尖塔をつけたのはよいが、ドイモイ後に、本来の効用を知らない大工が、みようみまねで尖塔をつけたため、えたいの知れないものになってしまったようである。

これに対して、植民地時代の第二期である一九二〇年頃から一九四五年になると、夏の強い日差しをよけるために、広いベランダが二階を取り囲み、窓は木とガラスの二重窓にされ、暑さを緩和するため、屋根を平たくして内部の空気がよく対流するように設計されるようになり、フレンチビラも、ベトナムの気候等にあうように、熱帯コロニアル風のデザインに改変されるようになっていった。

　また、純粋なフレンチビラではないが、ハノイの三六通りと呼ばれるハノイの旧市街に点在する越仏折衷様式のビラもなかなか面白い。フレンチビラ風のバルコニーとコリント風の装飾を持つ正面二階の天辺に、その家の屋号が漢字で記されているようなものがその典型だ。中国とフランス文化を融合させているという点で、ベトナム文化の縮図を見るようである。

四　ベトナム語

　ベトナム語には、動詞の活用や名詞の性がないので、書いたり、読んだりするのは、それほど困難ではない。特に、法令用語や政治用語は、漢語をローマ字で表記したようなもので、日本の漢字の読みをベトナム語に変換する規則を覚えてしまえば、まったくベトナム語を知らなくても、ベトナムの政治、法令文をある程度理解することも可能である。例えば、「政治」は「chinh《チン》 tri《チー》」、法律は、「phap《ファップ》 luat《ルアット》」など。ベトナム語の chinh は日本語の sei（正、政など）にというような変換の規則を覚えると、「chinh phu」は日本語の読みで「sei hu」で漢字は「政府」だろうとか、「chinh quy」は日本語の読みで「sei ki」で漢字で「正規」であろうというように、文脈に応じてベトナム語のもとになっている漢語を類推することができるのである。

　今ではアルファベットを使用して表記しているが、ベトナムでは、フランス植民地時代に入っても、科挙が実施されていたという経緯から、今でも、法律用語は漢字起源であることが多く、日本の法律家にとっては、ベトナム語の法律文書を読むのはさして困難ではない。

しかし、中年ないしは、最近の若い世代のエリート法律家は、ロシアや東欧留学組みか、または欧米留学組みが多く、自分達のわからない漢語起源の法律用語を排除して、日本でいうやまと言葉に相当する原ベトナム語を法令においても使用しようという動きがある。ロシアで法学士号を取得し、その後、カナダで法学修士号を取得した抜群に英語のうまい司法省のL職員もそうすべきと主張していたし、ベルギーに留学してそこで法学修士号をとり、ハノイ法科大学の講師をしていた私の家庭教師のTさんもそんな主張をしていた。これに対して、私は、では漢語抜きで「ベトナム社会主義共和国」をどう表現するのか、「Nuoc Cong Hoa Xa Hoi Chu Nghia Viet Nam」のうち、「Cong Hoa」は「共和」、「Xa Hoi」は「社会」、「Chu Nghia」は「主義」、「Viet Nam」でさえ「越南」であり、残るのは国という「Nuoc」だけではないか、漢語を廃止するのはいいけれど、じゃあ残る「越南」、「社会」、「主義」、「共和」という概念をどう〝純粋な〟ベトナム語で表現するのか、特に「越南」はどうするのかといったら、彼らエリートはうらめしそうな顔をして黙ってしまった。いつもなら、こういうことにはムキになって反論する彼らであるが、このときは、ものすごくイヤな顔をして黙ってしまったのである。ベトナムのエリートは、パリ大学であろうと、東京大学であろうと、留学先を上位の成績で卒業できるほど、その知力は高い。そんな彼らは、自分にまったく分からない漢字という知的世界があることが、気に入らないのである。しかし、「越南」というベトナムの国名それ自体、中国の中原を座標軸において、中国の南部にある越の国のそのまた南の国という意味であり、その意味で、ベトナム語は、中国文化と切り離すことは不可能である。よって、ベトナムにおいて漢語を排除して法令用語をつくるのは、やまと言葉で日本の法令を表現しきれないのと同様か、それ以上に困難である。

　他方、話し言葉としてのベトナム語は、世界で、もっとも難しい言葉の部類に入るといわれる。これは、ベトナム語に六声の声調があるということに加え、母音が多いということが原因だ。おかしいのは、白人がベトナム人に対してベトナム語を話しており、私のような日本人にも完全に意味がわかるのに、聞いているベトナム人がまったく理解しないことがままあるということである。スウェーデン人とタクシーに乗り合わせた際、スウェーデン人がベトナム語で「may《マイ》 lanh《ライン》」（クーラー）を小さくしてくれといっており、私はこれを理解できた。しかし、肝心なベトナム人の運転手はちっとも理解しない。「lanh《ライン》」というのは、急に声をのどの底に落として大変低い声で発音しなければならないのであるが、このスウェーデン人は声を落として発音しなかったので、通じなかったらしい。

　ベトナム人は、耳がよすぎるので、発音の微妙な差を聞き分けてしまうため、外人の発音は通じにくいのであるが、これには私も幾多の苦い経験をした。

　まだ赴任して日も浅い、ある休日、私がタクシーに乗って、旧市街の南端にあるハンボン（hang bong）通りにあるcafe 252に行こうとした。車内で新聞を読んでいたら、タクシーはいつのまにか旧市街を抜けて、ハンブオム（hang buom）通りにいってしまった。私はちがう、ハンボンだといったら、今度はさらに旧市街の北はずれのハンブン（hang bun）通りに行ってしまった。ハンボン、ハンブオム、ハンブンと発音するたびに目的地から遠ざかってしまったのである。まだ若い運転手は泣きそうな顔になって「em《エン》 khong《コン》 hieu《ヒイユー》」（僕にはわからないよ）という。私はこの運転手がわざと遠いところに連れて来たのかと思い、おまえは悪いやつだと言って、ベトナム人の運転手を叱責し、タクシーを降りて、暑い中、ホアンキエム湖まで延々と歩いていき、ホアンキエム湖のタクシー・スタンドで、タクシーに乗り、hang

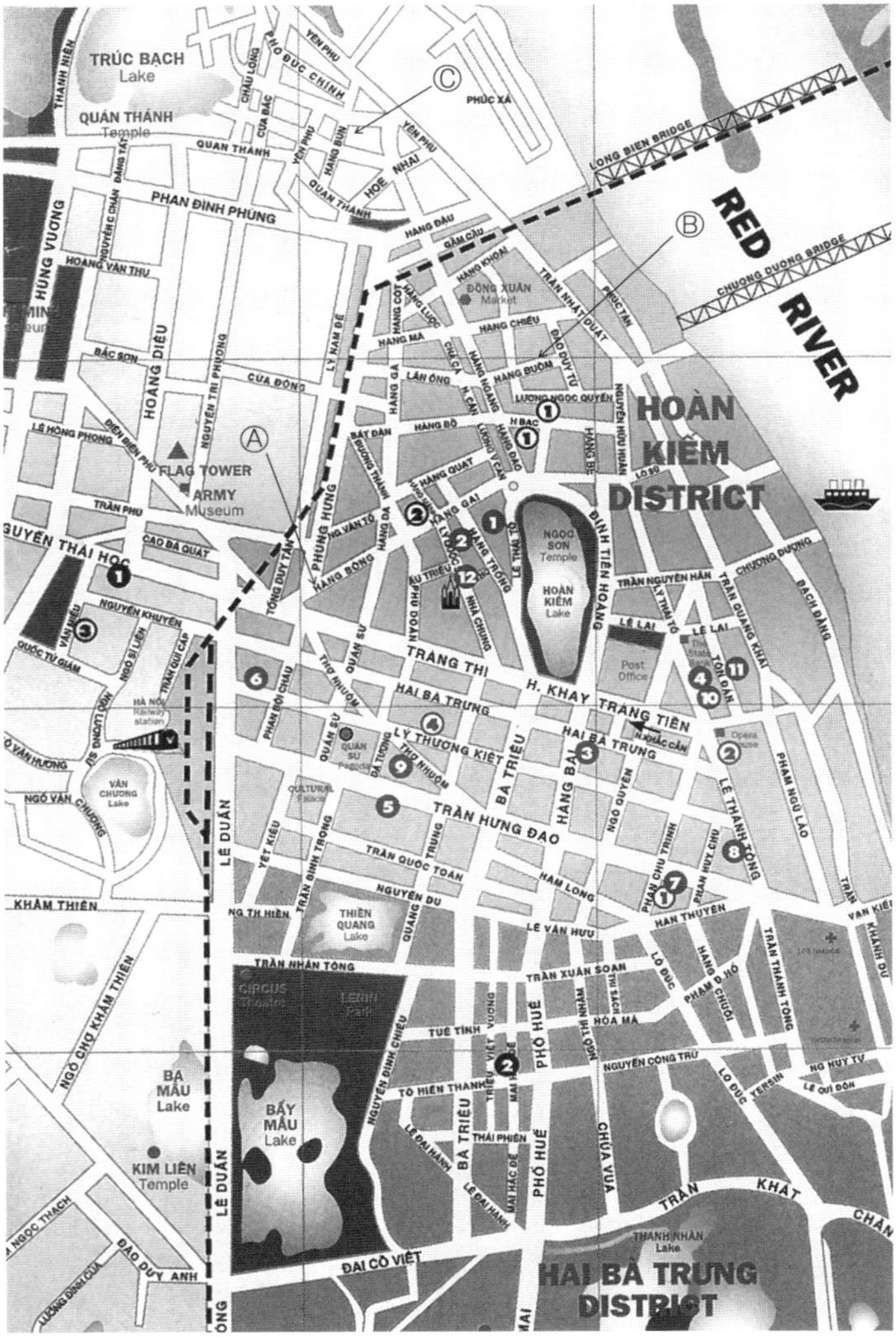

ハノイのハンボン（Ⓐ）、ハンブオム（Ⓑ）、ハンブン（Ⓒ）

bongまでといった。ところが、今度も、タクシーの運転手はどこにゆくのか分からないという。紙に書いたらようやく理解してくれた。あとで知ったことであるが、ベトナム語の「n」は、舌の先を歯の間から突き出さすようにして発音しなければならないのであって、日本語の「n」は、ベトナム人には「m」に聞こえるのである。したがって、あのタクシーの運ちゃんが、ハンボン（hang bong）通りでなく、ハンブオム（hang buom）通りにいったのは仕方がなかったのである。ベトナム語の「ong」は口をつぐんで、ほっぺたをぷくっと膨らまさなければならない。そうしないと、絶対に通じない。その後、この反省に基づき、口をつぐんで「bong」といったら、どのタクシーも間違いなくhang bong通りにいってくれるようになったが、それでも、私が「bong」といった瞬間に、タクシー運転手が後ろを振りむいたり、バックミラーを見たりして、私の口がつぐんでいるか、ほっぺたが膨らんでいるか否かを確かめ、私の口がつぐんでいるのを見ると安心して、hang bong通りに向かうのであった。

また、日本語ほどではないと思うが、ベトナム語にも地域による方言の差がかなりあり、大きく分けて南部と北部では発音がまったく異なる。一般的にいうと北部の方がはっきり発音するし、北部のザジズゼゾが、南部ではヤイユエヨに変わる。例えば、ベトナムの服であるアオザイであるが、南部ではアオヤイと発音される。

ホーチミン等、革命の勇士達を輩出した北中部のゲアン省の方言は独特で、これは単語まで異なり、ベトナム人でも理解できないほどであるという。

古都のフエもなかなか独特で、基本的には南部系の方言であるが、古都らしく、サイゴン弁よりさらに柔らかい感じがして、たおやかな響きがする。

現地に三年もいると、だんだんベトナム語の方言も聞き分けられるようになって来て、北部でも省によって微妙な方言の差があることが分かるようになってきた。ハノイにいるシクロやタクシーの運転手は、ナムディン省の出身の人が多い。同じハノイでも、ナムディン省のようにハノイの周辺の省では、不思議なことに「L」と「N」を逆に発音するのである。例えば、ナムディン出身の人は「ハノイ」のことを「ハロイ」と発音したり、「仕事に行く」という意味の「ディーラム」という言葉を、「ディーナム」と発音する。ハノイ人に言わせれば、こんな発音は田舎者（ベトナム語でニャアークエ）のしるしなのであろう、この話をハノイ出身の人にしたら苦笑していた。

最近、普通のベトナム人もパスポートを取得して外国に出稼ぎに行くことができるようになったが、他人のパスポートを偽造して出国することがあり、それがハノイやホーチミンの空港で、出入国管理を担当する公安に見破られることがある。これは、パスポートに記載されている本籍地の方言と異なる方言を話したことにより、出入国を管理する公安に嫌疑をもたれることから発覚するとのことである。

私の家庭教師のハノイ法科大学の講師の話では、大学の講義で、生徒がフエ出身の先生の言葉をほとんど聞き取れないとか、または、大学の先生が、地方出身の学生の言葉を、まったく理解できないことがままあるという。これでどうやって授業中に意思疎通しているのか、六つの声調を持ち、多くの母音をもつ話し言葉としてのベトナム語は、ベトナム人にとってもそんなに簡単ではないようである。

五　ベトナム人の収入

ベトナム人の収入がいくらなのか、これはベトナムを訪れる外国人が等しく持つ疑問である。GNPが年間約三五〇ドル、司法省の平局員の月給が三三万ドン（一米ドル一万四五〇〇ドンとして約二二・七ドル）で、局長クラスで五〇ドル、大臣でも一〇〇ドルに達しないという数字がある反面、その公務員が、ほとんどみな二〇〇〇ドルはするホンダのバイクを所有し、ハノイの市内では敷地が三〇坪ほどで一〇〇〇万円はする三階建ての土地付き住宅を即金で買っているという事実を見ると、公務員の額面上の給与の数字は、とても本当であるとは思えない。

ベトナムに長く駐在している日系企業の駐在員が、ベトナム人の収入の推定方法を教えてくれた。ベトナム人は、特に北部の人は、朝にｐｈｏ（フォー）という米粉からできたうどんを常食する。ｐｈｏはスープをつくるにブタや鶏の骨を何時間も煮込まなければならないので、家庭では作らず、屋台で外食する。ｐｈｏは、店により値段はいろいろであるが、安いものは一杯約四〇〇〇ドンである（一米ドル一万四五〇〇ドンとして、〇・二七ドル）。一家に夫婦と子供二人の四人がいるとして、一日三食毎日ｐｈｏのみを食べると仮定すると、一日に食費だけで、約三・三ドル、一月で約九九ドルかかる。収入はすべて生活費に使うとして、エンゲル係数が、五〇％と仮定すると、月の収入は一九八ドルとなる。夫婦共稼ぎであるとしても、一人あたり、一〇〇ドルは月収がなければならず、公務員の額面上の給与の月二〇ドルとか五〇ドルというのは、ｐｈｏを四人で毎朝食べると、それだけで一ヶ月で約三三ドルになってしまうことからして、非現実的であり、彼らには他に必ず収入を得るみちがあるはずである。

面白いことに、ベトナムの個人所得税法では、月々決まったサラリー（luon《ルオン》）の他に、インカムがあることを前提としている。サラリーでは生きていけないことを、税法が認めているかのようである。公務員の給与は非課税となっているが、ベトナム人の個人所得税の最低課税所得は、月収二〇〇万ドン（一米ドル一万四五〇〇ドンとして、約一三八ドル）であるので、大臣クラスでも、月給はそもそも課税最低所得に届かない。しかし、公務員にはこれとは別のインカムがある。旧正月のテトの際とか、国際婦人の日、子供の日などに、給与とは別のボーナスのようなものが支給されるが、いずれにせよ、このような国家からの給付だけでは、生活するのに足らないので、副収入を得るため、なにかしらアルバイトをしており、このアルバイトから獲得される所得の部分が大きい。

ただし、ベトナム人は、外資系企業に勤めていて税金と社会保障費を源泉徴収されてしまう人は別として、ほとんど、収入を税務署に申告しない。公務員や国営企業の労働者も、月収以外の所得がアルバイトにより、最低課税額をはるかに超えたとしても、これを税務署に申告などせず、税務署は事業者でないベトナム人個人から所得税を徴収しようとはしない。よって、額面上の低い月給とは別の所得の部分は、そのまま手取りとして残るので、これがバイクや家の購入資金になるものと思われる。

一九七五年九月のサイゴン陥落時と、一九八五年九月の二回に渡り、通貨の切り換えにより、銀行に預けておいた預金が紙屑同様になったという経験をしているベトナム人は、お金を銀行に預けることをせず、金か米ドルで床の下に埋めたり、壁の中に塗り込んだりして、日本円で換算して数百万から数千万円くらいのお金を貯め込んでいる都市の住民は多い。麻薬の売買や、国有財産の多額の横領でもやって、警察の家宅捜索を受けない限り、税務署は、税務調査によってこのようなたんす預金を調査しようとはしないので、たんす預金の額は、大変なものである。

　実際、ベトナム公務員の中級幹部（局長から副局長クラス）の自宅に招かれると、そこは三階建ての天井の高いフレンチビラ風の家であることが多く、ソニーのテレビやステレオといった日本製の家電がならんでおり、そういう中で、「ベトナムは貧しい」などと言われると、住宅事情の悪い日本、特に東京に住んでいる人は複雑な心境になるものである。

六　汚　職

　現在、ベトナムにおいて、公務員の収賄や国有財産の横領という汚職は、重大な社会問題となっている。一九九七年の刑法改正では、汚職罪が厳罰化され、職務や権限を利用して、五〇万ドン（一米ドル一四五〇〇ドンとして、約三四・四ドル）以上の金銭、物を受け取ったか、または受け取る約束をした場合に収賄罪が成立し、受け取り財産の価値が、五〇〇〇万ドン（約三四四八ドル）以上であると、終身刑または死刑に処せられることになった。

　一九九八年には、内務省の犯罪防止局のヴー・スアン・チュオン（Vu Xuan Truong）という局長が、ラオスの麻薬エイジェントと通謀し、ラオスから警察のジープでヘロインを大量にベトナムに運び、これを売却していたという事件が発覚し、汚職防止は、ベトナム政府・共産党のもっとも重要視するところとなった。この事件では、ラオス側のエイジェントがはじめにベトナムの公安によって逮捕され、ベトナムの裁判所により死刑判決を受けたのであるが、このラオス人が銃殺される直前にベトナム側の協力者であるチュオンらの名前をあげたため、そこから芋づる式に多数の公安関係者が逮捕された。その結果、これら公安関係者は、死刑・終身刑を含む厳しい判決を受けることとなった。チュオンは、ラオスとの国境の警察署の所長をしているときに、ラオスの麻薬エイジェントと知り合い、その後、このエイジェントと共謀し、ベトナムの警察機構を利用して、麻薬の売買に乗り出したという。チュオンは、公判において、チュオンらの背後には「特別に重要な人物」がいると証言したが、これが誰であるのか、結局チュオンは言わず、これ以上の追及もないまま、チュオンは銃殺台の露と消え、事件は幕切れとなった。公安組織を利用しての、組織的な麻薬の輸送・売買であること、チュオンがハノイ市内にビラを三軒も所有し、一軒には愛人を住まわせて、ここを麻薬売買の根城としていたことから、相当長期間、継続的に行われた犯罪であり、局長クラスのチュオンの一存でできるはずもなく、政府内で相当な地位にある有力者がバックにいたことは、想像に難くない。

一九九九年に入って、ホーチミン市で、被告人が七四名以上という大きな汚職事件が二件も摘発された。このうち、タン・チュオン・サイン事件という密輸事件では、ホーチミン市の税関の密輸調査局の局長らが収賄罪で、エプコ・ミンフン事件という銀行の不正融資事件では、国営ベトコン・バンクの副支店長らが国家財産の横領の罪で、それぞれ死刑・無期懲役を含む厳しい判決を受けた。

一般に税関や公安がもっとも汚職を頻繁に行うとされているが、これには私も多少の経験がある。一時帰国休暇からハノイに帰り、空港で数箱のダンボールの税関のチェックを受けようとしたところ、ふてぶてしく肥えた悪辣な顔の税関の職員が、箱を開けられたくなかったら、二〇ドルを支払えといきなりいってきた。公用パスポートを見せており、白人ビジネスマンもいる衆人環視の中であったので、あっけにとられてしまった。その後、むらむらと怒りが湧いてきたので、見るならみろといって、空けようとすると、その税関のおやじはめんどくさそうにさっさと行けといった。あとで考えると、二〇ドルという金額がかわいらしくて、ベトナム的（インドネシアでは一万円という）であるが、よくも周りにたくさん外人がいて衆人環視の中、日本の公用パスポートを持っている人間に、賄賂を支払えといったものだと思う。

この国では、汚職は安すぎる公務員の給与とリンクしており、これがさらに徴税システムの欠如ともリンクしているので、汚職退治は政府が法律の改正をしたり、違反者を厳罰に処したりしてみても、当分なくなる見込みがない。韓国では、朴政権のときに汚職対策として、公務員の給与を数倍に引き上げた結果、食ってゆくために行う赤裸々な汚職が減ったという。現在のベトナムの月に三〇ドルにも満たない給与では、一ヶ月の食費にも満たないのであり、共稼ぎと仮定しても月一〇〇ドル以上に公務員の給与を引き上げる必要があるが、そのためには給与を三倍以上引き上げなければならない。しかし、ベトナム人は、源泉徴収される外資系企業に勤める者は別として、給与外の所得がかなりあるのに、これをまったく申告しないため、所得税の国家の歳入に占める割合は、約一・九％にすぎず、国家の歳入に対する貢献割合は、国営企業からの上納金が二六％、外資系企業の法人税が二〇％、関税収入が二二％となっている（以上、中央経済研究所編、Vietnam Economy in 1998）。国内景気の低迷と外資の流入の減少傾向から、当分税収の伸びはのぞめないので、公務員の給与は上げられず、そのため、生きてゆくために汚職が絶えないという悪循環がある。ベトナム政府も公務員の給与が低すぎてこれでは暮らしていけないことを認めていて、政令で、公務員とその家族が、当該公務員の職務の範囲外で営業活動に従事をすることを認めており、その収入については利益税が免税になるという特典もある。

また、汚職に関しては、以下のような話もあった。プロジェクトの年間スケジュールを決める際に、べトナムで行うセミナーに関してベトナム側から追加注文がでた。政府が「コミッション」に関する政令を制定する予定であるので、日本の専門家を呼んで日本の経験が聞きたいという。「コミッション」にはいろいろな意味があるが、ベトナム側の説明では不動産や証券の仲介業のことを意味するらしく、これだけで一つのセミナーを行うことは無理であるので、ベトナム側が何を求めているかを詳しく聞いた。彼らがいうには、ベトナムでは役所の機材を買うときには、購入する方がコミッションをとるが、はなはだしい場合にはコミッションの額が契約額の五〇％にもおよぶことがあるので、これをせめて一五％ほどの適正な額にしたいという。ベトナムに駐在するある東南アジアの外交官がその国にベトナムの米を輸出する手配をする代わりにコミッションを要求しているが、このような際にコミッションの額を適正にしたいという。私はそれこそ椅子から転がり落ちるほど驚き、秘書の通訳の誤りではないかと思い、もう一度聞いたが、ベトナムではある組織の機材購入の際にその組織の購入担当者がコミッションを取るのは合法であるそうである。

私は、日本で公務員がそのようなことを行うと、それは収賄罪にあたり、私企業の従業員の場合でも会社に対する詐欺罪または背任罪にあたる可能性があり、刑法で罰せられるので、コミッションの額を適正にするにはどうするかという話にはならないといった。確かに、このコミッションというのは、国家丸抱えの時代には、公務員や国営企業の少ない給与を塡補するための、生存のための知恵というものであったし、また現在でもベトナムの社会では、従業員が勤務先のために文房具を買う際に、文房具屋に水増ししたレシートを用意させ、差額を〝コミッション〟としてもらうということが通常である。日本ではこれは私企業の従業員であっても法律上認められないし、ベトナムの日系企業でも、これを行ったベトナム人従業員を解雇している。賄賂罪を厳罰化しながら、他方で、これをコミッションという形で認めるような政令を制定するのであるから、汚職などなくなるはずもない。もうこれは、汚職に関する規範が溶けてなくなってしまったアノミー状態ではないかと思われる。

さらに、根源的なのは、公教育機関における汚職や腐敗である。私の家庭教師をしてくれたハノイ法科大学の講師のTさんは、子供のころを振り返り、教師の腐敗に激怒していた。Tさんは、小学生のころ公立の小学校に通っていたが、授業は半日しかなく、後の半日は、担任の先生が授業料をとって、塾を開くのである。そして、試験問題は、塾で教えるところから出題されるのであって、将来高校や大学へ進学する際には、この成績が影響する。Tさんは、頭がよかったせいか、この塾にいかなくても学校の成績がよかったが、そんなTさんに向かって、担任の女の先生が、「あなたは頭がいいから、私の家にこなくてもいいのよね」とイヤミたっぷりにいったそうである。担任の教師からこのようなことを言われたTさんは、子供ながら大変傷ついたという。Tさんが、小学生のころというと、ベトナムは一九八〇年前半であり、大変苦しい時代であったので、担任の先生も生きてゆくために、私塾を開かざるを得なかったかもしれないが、この公務員の低賃金と汚職の構造は、今でも変わらない。今Tさんは、ハノイ法科大学の講師をしているが、試験のころになると、生徒が自宅の前に待ち構えていて、みやげ物の入った袋の中にお金を入れて待っているので困るという。試験のできが悪かった学生が、賄賂で点数をかさ上げしようとするのである。Tさんが居留守を使って、不在であると生徒にいってくれと親に頼むと、生徒の中には、現金の入った封筒入りの土産の袋を、先生の御両親へといって置いてゆくことがあるという。ベトナムの大学では、試験のできが悪かった場合に、学生が担当の教師に心づけを渡して、成績を上げてもらうというのは、常套手段になっている。ベトナムではある大学の法学部の副学部長が、収賄で逮捕されるという事件も生じているが、これは、心づけを渡したのに、効果がなかった生徒側が警察に密告したことから発覚したものと推測される。ベトナムでも収賄罪と贈賄罪があるのだが、こういう場合は、贈賄側はおとがめなしということであるようだ。このように、ベトナムでは、小学生のころから、権力をもつ者に心づけを渡して便宜を図ってもらうという意識が脳裏に深く刷り込まれているのであるから、政府が腐敗防止などと言ってみても始まらない。

また、国費留学における留学生の選定の不明朗さも問題だ。現在の政府の幹部は、ほとんどすべて労働者や農民の子孫ということになっており、特にコネのない彼らが今幹部になれたのは、彼らの学生時代の学業成績がよく、ロシアや東欧に奨学金をもらって留学し、進んだ科学技術を学ぶことができたからである。しかし、現在、奨学金つきで海外留学できるのは、政府の幹部の子弟に限られており、いくら学業成績が優秀でも、政府の幹部の子弟でなければ、外国には留学できない反面、政府の高官の子弟であると、学業成績が振るわないできの悪いどら息子（娘）であっても、国費留学ができるのが実情である。これでは、発展の初期段階にいる国の発展はおよそ期待できない。

先に述べたハノイ法科大学の講師で、私の家庭教師であったTさんは、大学卒業後、国境委員会で働いているときに知り合ったベルギー人の国際法の教授に引っ張られ、ベルギー自由大学に奨学金付きで留学し、法学修士号を取得することができた。ベトナムの計画投資省の高官が、ベルギーを訪れた際、Tさんがその高官に会ったところ、その高官は「君は誰の娘さんかね」と聞いたそうである。その質問の前提には、ヨーロッパに奨学金付きで留学できる若者は政府高官の子女に決まっているという事実が横たわっている。Tさんは、自分の親は国営企業の退職した技師であり、コネでここに来たのではないと告げると、その高官は、「私の息子でさえ、ヨーロッパに留学などできないのに、君はまったくえらいものだ」と嘆息することしきりであったという。

実は、ベルギーの国際法の教授は、ベトナムのというより、発展途上国の国費留学の実情を良く知っていたらしく、Tさんを呼ぼうとするときに、奨学金付き留学生の応募条件として、年齢二五歳以下で英語とフランス語の堪能なことというTさん以外が選ばれることが絶対ありえないという条件をつけたが、それだからこそTさんが国境委員会に割り振られた奨学制度を引き当てることができたとTさんはいう。そうでなければ、この奨学金はTさんではなく、国境委員会の幹部の子弟に割り振られていたことは間違いないとTさんは述べていた。もっとも、こういう条件をつけても、四〇歳を越した役人が、応募書類の中で堂々と年齢を詐称し、ハウアーユーくらいしかしゃべれず、英文もぜんぜん読めないのに、英語は「A」ランクなどと書類の中に書き込んで応募してくる場合もあるので、Tさんを留学させた国境委員会はまじめであったといえる。

日本は、明治以来、政府高官の子弟でなくとも、学業成績の優秀なものを国費で欧米に留学させ、帰国した彼らが、学者や官僚や企業のトップになって日本をリードしていき、現在の発展の基礎を作ったといえる。今のベトナムのように、発展のために優秀な人材を必要としているときに、政府高官のばか息子（娘）が、貴重な国費留学枠を独占してしまっていては、およそ国の発展はおぼつかない。ベトナムには、惚れ惚れするような優秀な若者がたくさんいるのに、あまりできのよいとはいえない政府の高官の子弟が国費留学枠を使って、日本などに留学してゆくのを見ると、誠に歯がゆい思いがする。

旧南ベトナム政権は腐敗しており、ネポティズムもひどかったと言われるが、現在日本に帰化した旧南ベトナムの国費留学生には政府高官の子弟ではない人が多くおり、旧南ベトナムでは、学業成績がよければ、中央にコネのない田舎町からでも、日本に国費留学できたという。その意味では、現在の政権は、少なくとも教育の分野においては、旧南ベトナム政府よりネポティズムがひどいといえる。

ベトナムの個々人はまことに優秀であり、ベトナムは将来有望な国であると思うが、この国のすべての社会悪の根源にあるのは、徴税システムの欠如からくる政府の極端な予算不足と国民の納税意識の欠如であり、これが改善されないかぎり、公務員は食べるために、自分の利権を死守、拡大しつづけ、汚職を決してやめることは決してないので、行政改革などできるはずもなく、この国が成長に向けて本当に離陸することはできないといえる。

七　情報は金なり

これは前述した汚職と関連するのかもしれないが、ベトナムでは、役所の持っている統計などの情報を得ようとすると、基本的には「手数料」という名目のお金を支払わないとこれを入手できないことが多いし、統計数字を入手できたとしても、その内容の信用性が低いという問題点がある。

社会調査などで、ベトナムの官庁を訪ねた際、裁判所や住宅・土地局などで、裁判事件数や登記済みの土地や住宅の数などの統計数字を聞きだそうとしたが、そのような統計資料は、担当者が、さももったいなさそうに、手書きの手帳を読みながら言うために、聞き取りに時間がかかるし、また個別の事項を足してゆくと、相手側の言った総数に合わないというようなことが毎回で、ベトナムの社会の実態を調査して、その実態を把握するのは大変困難であった。ベトナム戦争の頃なら、住宅の個数や分布などの情報は、米軍の爆撃の資料になりえたので、このような統計数字自体が国家秘密でありえたのであろうが、平和になった現在では、土地や住宅の登記数という一般的な統計数字が国家機密であるとは考えられない。ドイモイ政策の本格化した現在でも、統計を秘密視する態度は、ベトナムの役所の中に根強く残っている。

また、統計の内容がずさんであることも問題だ。例えば、ハノイの裁判所にいって、年間の受理事件の総数と内訳の質問をしたとしよう。裁判官は、まず始めにベトナムのハノイ市の人民裁判所が一年に一万件の事件を受理したという。その裁判官は、つづいてその内訳は、刑事事件が六〇〇〇件、民事事件が四〇〇〇件、経済事件が一〇〇〇件、労働事件が五〇〇件であるというが、ブレイクダウンされた数字を足してゆくと、はじめに言った総数にまったく合わないのである。この点を聞くと、受理事件総数は、事件番号で取っているが、刑事事件では被告人の数、民事事件では原告の数で事件数を数えるというように事件の数え方が統一されていないため、原告が複数の民事事件では、受理番号事件数の数倍の事件数があることになるという。さらに、第一審と控訴審では、事件の数え方の基準が異なるということであり、これでは、年間の受理事件数でさえ明らかにできない。これは、別に裁判所の事件数の統計だけでなく、住宅・土地局で、土地使用権や住宅の登記情報を聞いたときも同じで、ベトナムの役所の持っている統計数字は、このように統計的な分析の使用に耐えないようなものが多い。まだ定性的分析を行なう法律の分野はよいが、このような状況では、統計数字が命であるマクロ経済の分野では、ベトナム経済の現状を分析し、将来の予測をすることが大変困難になろう。

以前、日越友好法律家協会に属する日本の弁護士らが、ハノイに来て商務省傘下の機関でセミナーを開催した際、ハノイ人民委員会の計画投資局の人間が来て、どこの国からどれだけの投資があるかということを、さももったいぶって、いちいち投資企業の属する国と投資実績を読み上げて、一時間ほどの講演をしたことがある。これなど、本来数字を記載したペーパーを一枚もらえば済むことであり、このような場では、それを基にして、さらに突っ込んだ投資法の実務に関する情報が欲しいところであるが、本来公開されるべき国家の有する情報・統計などは、実際は、公開されず、法が規定していない「手数料」を支払って、ずさんな内容の統計書を得られればよいほうである。一方で統計を秘密視しておきながら、他方でそれを担当者がお金で売るのであるから、秘密といっても、その多くは国家の利益を守るためではなく、公開してしまえばその情報を持っている役人が情報を売れなくなって小遣いかせぎに困るからというのに過ぎない。

また、ベトナムでは法律が抽象的、概括的な規定しか置いていないので、個別の問題について、政令、省令、国家銀行の総裁の決定、人民委員会の決定、首相の決定というような下位法令が無数にあるため、ある分野で現在有効である法令を検索することも簡単ではない。このような検索を行うには、多大な労力が必要であり、コピー機もコピー用紙も役所には十分にないので、市販の法令集に載っていないマイナーな法令が欲しいときには、役所の担当者に、安い給与を補うための「超過労働」に対する報酬やコピー代等の実費から構成される「手数料」を支払って現行法令を取得するということも珍しくない。

このような状況であるので、現地にある外国法律事務所では、毎週（毎月では足りない）、法令ファイリング専門の秘書が各役所を回って、〝今週の最新法令〟の有無を聞いて回るそうである。

八　ベトナム人の勤務時間

ベトナムの国家機関は、公式には午前七時から一二時まで、午後は一時から四時半まで勤務することになっている。しかし、これは実態とは異なる。朝は早く、七時半ころには出勤するが、お茶を飲みに外に出てしまって、九時ころに再度職場に戻り、昼は一一時から一一時半ころには家に帰ってしまい、家でお昼を食べることが多い。その後、仮眠をして、二時から勤務し、四時または四時半に帰って、バイクに乗って子供を学校に迎えに行くか（市内の道路は、バイクが異常に多く、かつ無秩序であるので、子供が日本のように徒歩で通学をしていたのでは、そのうちにバイクか車にはねられて死んでしまう）、生計を立てるためにアルバイトに行ったり、キャリアアップのために、英語学校や大学の在職課程に通うというのが、通常の勤務形態である。

私は、書類を事務所に忘れたため、一二時半ころに司法省の中にあるプロジェクト・オフィスに戻ったことがある。すると、部屋には鍵がかかっており、鍵を開けて入ったら電気が消され、よろい戸が閉められて部屋の中は暗くなっていた。目を凝らして見ると私の机の上に、オーストラリア担当の女性職員のHさんが、白いふくらはぎを露わにし、大変色気のある姿でドッカリと寝ている。Hさんを起こさないように、そっと机の引き出しを開けようとすると、なにかを踏んでしまった。ギョッとして、下を見ると、新聞紙をしいて、私のプロジェクト担当のNさんが私の机の下に寝ている。さらによく見ると、机の向こうには、うら若き秘書のＨａさんも床に新聞を敷いて寝ているではないか。プロジェクト・オフィスは、細

秘書 Ha の結婚式

長い狭い部屋であり、そこにはところ狭しと本棚やコピー機や四つの机が置いてある。ソファーなど置くスペースがないので、この部屋で寝るには、こんな方法しかない。この日は日本人の短期専門家によるセミナーがあって、その準備に忙しく、三人の女性職員は帰宅して仮眠するひまもなかったのである。女性職員らはさすがに起きだしたが、髪の毛はぼうぼう、化粧はとれたままで、眠そうな顔で苦笑いをして私をみた。私は、見てはいけないものを見てしまったという気分になり、その後、昼食時には決してオフィスには戻らないことにした。

第四章　出張・旅行編

一　ビンフック省への出張

一九九七年の六月、ＪＩＣＡによるベトナム法整備プロジェクトの窓口である司法省の国際局長の誘いで、地方の法務局や裁判所を視察するため、ハノイの北に隣接するビンフック省に出張にでた。

ビンフック省の省都であるビンイエンの省級裁判所を訪ねる。日本でいうと、地方都市の簡易裁判所くらいの大きさであろうか、ここの所長さんの部屋をたずねた。この所長室の奥のカーテン越しには、ベッドがあって、この部屋は、この所長さんの執務室兼宿舎であるという。ビンフック省は、一つの省が二つに分けられたためにできた新しい省で、省内には六名の裁判官が働いている。ビンフック省内には、一五人の省級裁判所の裁判官が必要なのであるが、裁判官に関する法令によると省級裁判所の裁判官になるためには、大学の法学部を卒業した後に六年以上の実務経験がいるところ、その条件を満たす裁判官が不足しているため、いまのところ、定員を満たせない状況であるという。初老の所長さんは、ここはハノイから近いが、それでも法科大学をでた優秀な人は、田舎を嫌ってここに来てくれないので困る、最近、一人ハノイ法科大学を出た若者がここに来てくれたが、法律に定められた条件を備えた人がなかなかここに赴任してくれないといっていた。通常の公務員の月給が三〇ドルくらいであるが、地方の省の裁判官の給与は五〇ドルと優遇されている。しかし、それでも若手の裁判官の来て手がないという。ここはハノイからバスで一時間以内でこられるので、日本の感覚からすると、ハノイから赴任するのは、それほど問題がないような気がするが、ビンイエンは、まったくなんの変哲もない田舎の町であって、ハノイにあるような

ビンフック省の地方裁判所で
所長さんの執務室兼宿舎、カーテンのむこうはベッド

ビンフック省の地方裁判所で

cafe、ディスコ、映画館、本屋など、若者を刺激するものがなにもないし、また、宿舎がないのでは、家族をつれてくるわけにもいかないので、法科大学を出て、数年もキャリアを積んだ裁判官がなかなかこないのも分かる気がした。家族を大切にするベトナム人にとって、家族を連れてこられないというのは、大問題である。私だって、山があって少数民族の生活が見られるサパや、海の幸が豊富で、舟遊びのできるハロン湾のあるホンガイであれば、数年くらい裁判官をやってもよいと思うが、なんの変哲もない田舎町のここビンイエンでは、激動する昨今の世界の動きに取り残されるだけのような気がして、とても長期に駐在する気はしない。就職難のベトナムにおいて、雇用する側と就職する側のミスマッチがある分野である。

この初老の所長さんも、ハノイに家族を置いて単身赴任でここにきているという。ここに赴任しているハノイ法科大学卒の若い裁判官に会ったが、日本の裁判官にもいそうな、生真面目で、ベトナム人としては珍しく寡黙な人であった。

この後、ビンフック省の司法局に立ち寄った。平屋の兵舎のような建物が司法局とのことであったが、ここも省ができたばかりなので、臨時で借りているところであるという。その昼に、司法局主催の昼食会があった。昼食会であるが、ビールの一気飲みが始まった。娯楽のないベトナムの田舎では、遠来の客を肴にした一気飲みは、よい娯楽のひとつである。私に挨拶をしにくる司法局の職員達が、次々と一気飲みをするので、私は日越の司法関係の友好のためにご返杯するということで、一気飲みをしなければならない。こういう田舎では、ご返杯を断ると、俺の酒が飲めないのかと相手が気を悪くして、その後の地方における業務遂行に支障が出ることがある。このあたりは、ベトナムの地方でフィールド調査をする人類学者やNGOの人がよく報告しているところである。

次々と押し寄せる司法局関係者の事実上の強要に応じて、ビールで一気飲みをしつづけてゆくと、おなかはガバガバになってしまって、いいかげん酔っ払ってしまった。酒に強くない人であれば、ぶっ倒れてしまうであろう。大学生時代には、一気飲みさせられたり、逆に一気飲みさせてつぶしたりして、今から考えるとばかなことをやっていたが、まさか、学生時代の蛮行が、日越二国間の協力にかくも役に立つとは、夢にも思わなかった。

二　バッカン省への出張

一九九九年の六月に、ハノイの北一五〇キロに位置するバッカン省に司法省の次官が出張するが、一緒に同行して地方の司法局の視察に行かないかと誘われたので、これに同行した。バッカン省は、ハノイの北のバックタイ省から分離してできた新しい省で、少数民族が多く、経済的にもっとも貧しい省の一つであるという。

ハノイから北に五〇キロほど自動車で走ると、製鉄業で有名なタイグエン市に入る。タイグエン市から少し北に行くと、道路際の狭い水田の奥の山の端に、高床式の家がちらほら見えて来る。もうそこはタイ族などの住む山岳少数民族の世界である。

ハノイを出た日は、バッカン省の省都であるバッカン市の人民委員会のゲストハウスに宿を取った。このゲストハウスは市の中心の小高い丘の上に位置し、北部の山岳地帯が一望できる素敵な場所である。こ

バッカン省　人民委員会ゲスト・ハウス
（フランス人の霊が出た？）

こは、フランス植民地時代には、フランス植民地政府の官吏のビラがあったという。

その夜、ゲストハウスでは、奇怪なことがあった。通訳として同行したプロジェクトの女性秘書であるＨａ《ハー》さんが一階に一人で部屋を取って寝ていると、ガラス窓をトントンと叩く音がする。なにかと思って目を覚ますと、同じような音がまたするので、Ｈａさんは窓のところに行って外を見た。しかし、外は漆黒の闇であり、誰もいない。ベッドに戻りしばらくするとまた、トントンと窓を叩く音がした。Ｈａさんは怖くなって蒲団をかぶって寝てしまったという。この部屋の上の二階には、私が部屋をとって寝ており、その隣には次官夫妻が部屋をとっていたのであるが、窓ガラスを叩いた主は若い娘以外には興味がないらしく、私たちの部屋には訪れなかったようだ。地元の人の話によると、この場所にはかつてフランス植民地政府の官吏が住んでいたフレンチビラがあったが、このフランス人官吏は植民地時代の終わりに当地で殺されたとのこと。このフランスの官吏は若く美しいベトナムの女性をこよなく愛しており、死後当地に漂っている彼の霊も、また若くチャーミングな秘書のHａさんをたずねたものであろうか。

しかし、その夜は、私の部屋にも異変があった。夜中の二時ころ、私が完全に寝入っていたのに、枕もとでカサコソという音がするので、びっくりして起きてしまった。電灯をつけてみると、カブトムシくらいの大きさの黒光りするゴキブリが、枕元に置いてあった薬一式の入ったプラスチックバックのチャックの空いたところから頭を突っ込んで、日本から持ってきた大事な抗生物質や下痢止めなどの薬をなめている。私は、反射的に枕もとに置いてあった蚊よけのスプレーを手にとり、ゴキブリに近距離から大量に噴射したところ、そのゴキブリはまもなく死んでしまった。ゴキブリは、生命力が強く、通常殺虫剤ではなかなか死なないものであるが、バッカンのゴキブリは、このような化学合成物質に耐性がないのか、または、実は蚊よけスプレーが猛毒なのかのどちらかであろう。長い自動車の旅で疲れていたので、消毒液でプラスチックバックを拭いて、チャックを閉めて、すぐに寝てしまった。ところが、程なくまた、カサコソという音で目が覚めてしまった。電灯をつけると場所を換えて足元に置いた先ほどのプラスチックバックに、今度は二匹もゴキブリがたかっている。またバックの中の薬をねらっているのである。眠たいところを二度も起こされて、大変腹が立ったため、ゴキブリに蚊よけスプレーを近距離から大量に噴射した。するとゴキブリが三匹も、ドアと床との隙間から、一目散にシャワールームに逃げようとするので、そうとはさせじと駆け寄って、なおも逃げるゴキブリに蚊よけスプレーを大量に噴射しつづけところ、さしものゴキブリ達も死んだ。どうも、彼らは、このシャワールームの排水溝からやってきているようなので、この排水溝にトイレットペーパーを突っ込んで栓をし、雑巾をかぶせておいた。時計を見たらすでに四時近くであった。

バッカンは、観光地ではないので、めったに外国人が来ることはないせいか、どうも私達一向は、バッカンに住む人々（漂う霊魂？）や動物達の興味のまとになっていたようである。

ベトナムでは、特に北は、物事に金銭が絡むと人々はタフでしつこい。あきらめることを知らないのである。ハノイのポストカード売りの少年は、買うまで何キロでも歩いてついてくるし、サムソンビーチでは、チューインガム売りの子供は、買うまで絶対に離れず、人が落ち着いて海を見るひまを決して与えない。ハロン湾の観光船を薦めるホテルのボーイも、電話を部屋にかけてきて朝早くからリゾートでくつろいでいる人間をたたき起こし、ホテルにいる間中、観光船を薦め続け、リゾート気分を破壊してしまう。紅河デルタは、バングラデッシュと並ぶ世界有数の人口過密地帯であり、簡単に稼ぐことをあきらめていたのでは、飢え死ぬので、生存に対するしつこさ、タフさが彼らのＤＮＡの中にも刷り込まれているのではないかと思われる。私は、眠気で朦朧とした意識の中で、ゴキブリも北ベトナムのものはタフでしつこいと確信した。

翌日、バッカン市から、進路を北にとり、バーベー湖へと向かう。フランス軍が切り開いたという急峻なつづら折れの道を一挙に登り、焼畑が広がる山岳地帯にでた。このあたりの道路際の家は木造で、竹であんだ壁に土を塗りこみ、白い漆喰で塗って、ワラで屋根を葺いているので、レンガ造りのキン族の家とは違い、日本の伝統家屋にそっくりだ。山間の小さな盆地には、小さな田んぼに囲まれた少数民族の高床式の家屋が見え隠れする。

途中、戸籍事務を委託されているタイ族の家に立ち寄り、お茶を飲んで、トイレ休憩をした。このあたりの道は、山の中のつづら折れの悪路を登り降りするので、車高の低いトヨタのカムリに慣れなかったためか、商法の専門家である次官の夫人や娘さんは、車に酔ってしまってふらふらになっている。

バッカン省　タイ族の家(戸籍の管理を委託されている)◀

▶バーベー湖　バッカン市の司法省の人たちと

◀バッカン省、少数民族の家

バッカン市バーベー湖のゲストハウスで
小さな胡弓のような楽器を奏で歌う司法局の人

つづら折れの山道がおわり、川の脇の高原状のところに出ると、そこはバーベー湖への入り口だ。バーベー湖の周りは、ベトナムのラスト・エンペラーであるバオダイ帝の御料林になっていたが、現在でも国立公園に指定されているおかげで、焼畑や伐採からまぬがれており、ここだけは亜熱帯の森林が残っている。白い木肌の背の高い巨木があって、緑の熱帯林の中で、ひときわ目立っている。国立公園の入り口から一山越すと、そこは、トルマリン色に輝くバーベー湖の湖岸であった。船着場から、ボートで湖を一周する。バーベー湖の真中には、小さな島があって、少年たちがトランクス一枚になって、島から湖に向かって飛び込んでいる。水の透明度が高いので、上から見ても、少年たちの体が、ラムネ色の水の中にもぐっては、サイダーのあわのように浮かび上がってくるのが見えて、とても気持ちよさそうだ。私も心だけは少年にもどり、少年たちのように島から飛び込んで湖で泳いでみようとしたが、「ＪＩＣＡの専門家、北ベトナムのバーベー湖にて心臓麻痺で死亡」という新聞記事がつい頭をよぎったのでやめた。

夜は、国立公園の入り口にある宿泊施設に泊まった。その夜は、宿泊施設のベランダで、星空を見ながら、夕飯会が催された。バッカン省の司法局の人たちが、この宿泊施設に来て、小さな胡弓のような楽器を奏でてくれた。このあたりの少数民族が作ったという強い香ばしい匂いのある焼酎を飲みながら、胡弓の音色を聞くのは、異国情緒があっておつなものだ。

ハノイへの帰り道には、道端で、少数民族のおばちゃんが、竹に包んだもち米を売っていたので、これをおみやげに買った。とても香ばしくておいしい。山際から、清水が湧いていて、飲み水として供されているので、飲んでみたが、久しぶりに、日本の水に近いおいしい水が飲めたという気がした。

三　ダイライ湖

ハノイから、北西に三〇キロほど行ったビンフック省に、ダイライ湖という景勝地がある。ここは、トヨタやホンダの工場のすぐ北に位置し、ハノイ市民が日帰りで遊びに来る手ごろな保養地となっている。ある日、休養がてらここに遊びに行った。昼飯を食べたら、なにもすることがないので、日ごろの運動不足を解消するために、湖を一周してみることにした。湖の南面はゲストハウスや保養所が立ち並び、そこから、少し北東に行ったあたりは、子供が水牛の背中に乗って番をしていたり、湖畔のまばらな林の中にフランス植民地時代のビラと湖を望む東屋があったりして、のどかでなかなか感じのよいところである。

ところが、このダイライ湖は、アメーバーが触手を広げたような形になっており、水際を伝ってゆくと、もと居たところのすぐそばに戻ってきてしまうという地形になっていて、歩いてみると見かけよりも時間がかかる。軽い散歩のつもりで出かけたため、水はもってこなかったので、のどは乾くし、山が迫ってきて周りにはまったく人がいなくなってしまった。この近くのソクソン寺の裏山で、非番の警察官が山登りをしていたところ、山賊に殺されたという事件を聞いているので、なんとなく心細くなる。延々と二時間以上歩きつづけ、ようやく、小さな集落にたどり着き、ほっとした。ここは、学生の寄宿舎らしく、多くの学生らがパンツ一丁になり、体や服を洗っている。小川を渡り、寄宿舎のある丘を駆け上がると、学生たちは外人が珍しいのか、おどけて敬礼などしてくれる。私が、寄宿舎を抜けて、部落の道に出ようとすると、どうも様子がおかしい。なんと、学生の寄宿舎と思ったのは、新兵の兵舎であり、部落と思ったここは一般人立ち入り禁止の軍の駐屯所であったのである。そのうちに、多くの新兵さんが集まってきてしまい、お祭りさわぎのようになってしまった。これはやばいと思ったが、案の定、将校らしいおっさんがやってきて、きわめて険悪な顔つきで、なぜここにきたのかと聞く。当然であろう。私は、軍の駐屯所に、湖から侵入してしまったのである。私は、対岸のホテルから湖の岸辺を歩いてきたら、誤ってここに来てしまったこと説明し、無断で駐屯所に侵入してしまったことをわびた。外に出るために軍区の門まで近づいてゆくと、ライフルをもった兵隊が立っている。兵舎のあちこちから、「タイ（外人だ）」という声が聞こえ、若い兵士達が兵舎から身を乗り出してきて、騒ぎが大きくなってきてしまった。そうであろう、ロシアの軍事顧問でもなければ、こんなところに外人など来るはずもないのである。速やかにここを立ち去らないとスパイ容疑か、不法侵入で身柄を拘束されかねない。確かベトナムの裁判所組織法には、軍事裁判所というものがあったが、私は身をもってこれを体験するのかとの考えが、一瞬脳裏を走った。

ライフルを持った門番のところまで行って、自分は日本人で、対岸のホテルから歩いてきたので、そこに戻りたいとベトナム語でいうと、若い門番の兵隊は愛想よく送り出してくれ、町までいくならセーオム（バイクタクシー）があるよといってくれた。ベトナム語を勉強しておいて、つくづくよかったと思った。

ここから、ホテルまでは、また小一時間も湖のほとりを歩かねばならなかった。途中、三人連れの小さな子供がお金を要求し、お金をあげなかったら人のポケットに手をつっこんで、財布を取ろうとしたり（こんな性質の悪い子供は、ベトナムでは始めて出会った）、野犬が唸り声を出して吠え掛かってきたので、石を投げて応戦したという小事件もあったが、無事湖畔のホテルについたときは、すでにあたりは真っ暗になっていた。散々な一日であった。

四　ダラットへの小旅行

日本ではゴールデン・ウイークの連休、ベトナムではメイデイと統一記念日の休日のある五月の始めに、ダラットに旅をした。ハノイは、六月がもっとも気温が高く、五月になると昼間は三〇度を超し、湿度もかなり高くなってクーラーが必要であるので、標高一五〇〇メートルに位置し、〝ベトナムの軽井沢〟と日本人が呼称するダラットに避暑に行くには適当な季節である。

ダラットには、フランス植民地時代のホテルを改装したもっとも由緒あるホテル・ソフィテル・ダラット・パレスがある。このホテルは、一九二二年の創業で、ラスト・エンペラーのバオダイ帝が、舞踏会の

▶ダラットの滝

▶ホテル・ソフィテル・ダラット・パレス

ときに後に皇妃となるナムフオンを見初めた場所であるといわれ、芝生に囲まれた小高い丘の上に位置し、白亜のフレンチ・コロニアル・スタイルの瀟洒なホテルである。当初、私たち夫婦は、ここに泊まろうとしたのであるが、ここは一泊三五〇ドルから四五〇ドルとなかなかよいお値段で、部屋を見せてもらったところ、高い天井からシャンデリアが釣り下がっており、暖炉の上にはヨーロッパの絵画が飾ってあったりしてルーブル美術館にでも来た様な雰囲気なのであるが、窓が小さく、中が薄暗くて、閉所恐怖症の私としては、なんとなく居心地が悪い。そこで、ホテル・ソフィテル・ダラット・パレスに隣接している同じ系列のノボテル・ホテルに宿をとることにした。

夕食は、このホテル・ソフィテル・ダラット・パレスのメイン・ダイニングで取ったが、小高い丘の上からダラット市を見下ろすここのフレンチ・レストランはなかなかのもので、特にダラットの高原野菜を使ったラタトイユのおいしさは忘れがたい。

ダラットには、ゴルフ場が一つあるが、私はここで初めてゴルフ場でボールを打つことになった。名古屋にいるときには、ゴルフ練習場で何度か練習をやったことはあるのであるが、ゴルフ場で打つのはこれが始めてである。ウッドで第一打を打ったところ、私の球は見事に右にそりくりかえって行き、ゴルフ場の右脇を通っている道路をバイクで走るおじさんの頭を越えて、さらに右手にある民家を飛び越していった。ゴルフ場の右端には、松の木が一応植えてあるのであるが、まだ育っていないし、道路とゴルフ場の境界に張り巡らしてあるネットが低いために、多少ボールがスライスするとすぐに脇に走っている道に球が出てゆく構造になっているのである。しかし、その道にはベトナム人がバイクに乗って走っていることが多く、そのうちにゴルフボールがベトナム人を直撃し、死者ないしは重傷者が出ることが懸念される。このゴルフ場は、その他のホールにおいても、ティーグラウンドのすぐ脇に人通りの多い道路が走ってお

ダラットのゴルフ場

り、ネットも木もないという構造のところが多く、人命軽視のこのゴルフ場のデザインには驚くばかりである。そんなへたな初心者がゴルフ場でボールを打つのがそもその間違いという意見もあろうが、日系企業の若手の駐在員やそのご婦人方は、ベトナムでゴルフを始めることも多い。さらに危険なことには、ベトナム人が好奇心のあまり、道路のネットに張り付いて、ゴルファーが打っているところを見ながら、ギャラリーになって下馬評を飛ばしている。初心者のボール、特にウッドで打ったボールは右斜め四五度にそれる傾向があることを知らずに、このベトナム人ギャラリーは、打者の右斜め手前に立っているので、誠に危険である。誰かが、ゴルフボールの直撃を受けて、大変痛い思いをするまでは、このベトナム人ギャラリーは、野次馬をやめないであろうが、人身事故にならなければ幸いである。

五月のダラットの気候は、午前中は晴天で、日差しは刺すように強いが、午後になると積乱雲が発達し、そこからシャワーが降り注ぎ、それが終わるとまた晴れるというもので、日差しを避ければ、湿度が低いためカラッとしており、大変快適であった。

ダラットの町の中心は、周りを丘陵で囲まれたすり鉢の底のようなところにあって、小高い丘の上にあるホテル・ソフィテル・ダラット・パレスやノボテル・ホテルからは石畳の狭い道を歩いて降りてゆかなければならない。ダラットは山坂が多いため、他の都市のように人力車のシクロがなく、危険なセーオムというバイクタクシーしかない点は不便である。

町の中心に向けて降りてゆく石畳の細い道の脇には、小さな小屋がけの店が立ち並んでおり、冷やかしてゆくととても面白い。この通り沿いにあるうどん屋で、南部の特産であるフーティウという唐辛子の入った赤いスープに浮いた黄色いベトナム風きしめんを食べ、甘味屋に入ってチェーという、小豆や、タピオカに浸した緑豆やとうもろこしを原料とするお汁粉を食べ、焼きバナナをつまんで、南部、中部の料理を堪能した。

ダラットの町中に到達して、町の中心部の北斜面に張り付いたようなカフェーで、香りのよいダラットコーヒーを飲んでいると、ここでアルバイトをしている英語専攻のダラット大学の学生と知り合ったので、彼に案内してもらってダラット大学まで連れて行ってもらった。ダラット大学のキャンパスは、丘陵の頂上に位置し、人口密度の高いハノイから来ると、実に閑散としたところで、のんびりと過ごせそうだ。聞くとダラット大学には法学部はないという。彼いわく、ダラットで就職口を探すのは無理で、ほとんどの学生がホーチミン等の大都市で就職口を探さなければならないということであるが、それでも親が政府の高官であるなどで、コネのある場合は別として、就職先を見つけるのは非常に難しいという。就職の点は別として、一般的にいって蒸し暑いベトナムの中において、このような快適な気候の中で学生生活を送れるのは幸せなことであろう。

私もダラット大学に法学部が出来たら、夏休みに日越比較民法講座をもって、ここに滞在しても良いなと思った。

五　ラオス出張

ラオスにはかねがね行きたいと思っていたが、赴任後二年経過したときに、ようやく出張する機会ができた。ラオスの多数民族であるラオ族は、人種的・言語的には、東北タイのイサン地方のタイ人と同族であり、経済的には、国内でタイバーツが流通しているように、タイの影響を大きく受けているが、政治体制は、社会主義国であり、国家制度や法制度はベトナムに類似している。ラオスの高官の中には、ベトナムで教育を受けた人も多くいて、ベトナム人を妻に持っている人もかなりいると言われている。ラオスでも、短期の専門家の派遣や留学生の受け入れという形態で、日本による法整備支援が開始されようとしていたので、ベトナムでの法整備の経験がどのようにラオスに役立つか、または役に立たないかを調べるために、ラオスのビエンチャンに出張をした。

ハノイからビエンチャンは、飛行機で一時間しかかからず、ベトナム中部のダナンに行くのと同じくらいであり、ホーチミン市へ行く時間の半分でゆける。空港に行くと、ＪＩＣＡラオス事務所の正木さんが、休日であるのに、わざわざ迎えに来てくださっていた。

ビエンチャンは、人口五〇万人の首都であるが、三〇〇〇万人の人口を有するハノイから行くと、実に閑

ラオス ビエンチャンの凱旋門

散としており、ビルディングといえる建物はない。しかし、道行く人々は、ハノイのように痩せ細っておらず、よく肥えていて、決して貧しいという感じはない。役所まわりに同行してくれたＪＩＣＡのラオス事務所のラオス人スタッフに言わせると、ラオス人は、たとえお金が儲かっても、つらい工事現場の仕事はせず、このような仕事は、ベトナム人がやるそうである。ラオスでは、若者の失業はあるが、失業しても親のところにいれば食べてゆけるし、そのうちに何かの仕事は見つかるので、みな何とか食べてゆけるようにはなっているとのこと。確かに、国内の総人口が五〇〇万人では、労働力不足であり、特に選ばなければ、何かしら仕事はあるというのはうなずける。

ラオスの司法省は、ビエンチャンの数少ない観光名所である凱旋門の横にあり、なかなか立派な建物であった。ベトナム司法省がみずぼらしすぎるのであろうか、ラオスの司法省の方がかなり立派だ。ラオスのような国はのんびりしているので、多少遅れ気味にいったほうがいいだろうと思って、時間より五分遅れて現

ラオス最高裁副長官と会見

ラオス司法省次官と会見

場についたが、すでにラオス側は受け入れ体制を整えており、司法次官以下が丁重に迎えてくれた。ラオスの司法省は、つい最近まで、最高裁判所と最高検察庁を監督する強大な権限をもっており、最高裁判所は理論上は司法省から独立したが、実際は司法省の建物に脇に附属している建物の中にあるという状態である。

弁護士会があるというので行ってみると、司法省の裏庭の倉庫のような建物の一室がそれであった。八畳間くらいの狭い部屋には、退職した元裁判官や元検事である老弁護士がいて、居合わせた弁護士会の副会長である人は、裁判長をしていた一九七〇年代に東京に研修でいったことがあるといっていた。弁護士会といっても、これでは、法務公務員のための老人クラブのようなものである。

次には、ビエンチャン法科大学に行く。ビエンチャン法科大学は、以前は司法省の管轄下にあったが、最近、文部省の管轄下に入った。ビエンチャン法科大学は、ビエンチャン郊外の畑の真中に所在する。図書館を見せてもらったが、日本の小学校の図書室くらいの規模で、ラオス法に関するラオス語の法律書や教科書が全然なかった。聞くと、まだラオス法の教科書はなく、教師は講義ノートを持っているだけだという。日本法に関する英語の文献やタイ法、英米法の本があったが、まずは、自国語の法律の成文や、解説書がなければ話にならない。

ビエンチャンにも、アメリカ系の法律事務所があるので、ここを尋ねる。ここのボスは、フリプスという、威勢のよいお姉さんという感じの人である。彼女は、ラオス人の母とアメリカ人の父を持つ、アメリカ人女性弁護士で、ジョージタウン・ロースクールを卒業している。この事務所は、とても広くて、英文の法律書もたっぷりあり、東京に持ってきても十分通用する事務所である。ここで、英文のラオス法を一〇〇〇米ドルくらい仕入れてきた。

ラオス弁護士会（司法省の裏庭にある倉庫の一室）
弁護士といっても退職した判・検事のみ

ラオスのビエンチャン法科大学

フリプス弁護士は、母の国であるラオスを愛しているが、ラオスの現状には、厳しい批評をなしている。いわく、ラオスでは、国会で制定した法律の法文さえろくに印刷されていないため、首都のビエンチャン裁判所でさえ、裁判官が基本的な法令のコピーさえもっていないので、自分たち外人弁護士がラオス語の法令のコピーをラオス人の裁判官に渡さなければならないという状態である。ラオスの裁判官は、事実を確定し、法令を分析して、これに事実を適用するという訓練がまったくできていない。それどころか、裁判所では、記録のファイリングができていないため、事件の記録がしょっちゅう紛失することがある。よって、スウェーデンの援助機関のＳＩＤＡは、裁判所の支援において、記録のファイリングの仕方から教えなければならなかった。ここでは、法整備支援以前の基本的な問題が多すぎるという。

弁護士会は、老人支配がひどく、退職した司法省や裁判所の職員が弁護士登録できるのみで、若い者の入会を認めないため、自分で自分の首を締めているようなものであるという。自分の事務所の一角を、無償でラオス弁護士会に貸してあげようとしたら、司法省から許可がでなかったという。司法省は、弁護士会に対する監督権を失いたくないので、そのようにしたそうだ。

ラオスでは、外国人弁護士でも法廷に立って当事者を代理して弁論できる。フリプス弁護士や同僚のアメリカ人弁護士は、実際、外国人依頼者の事件のため、ラオスの法廷にたって弁論を行っているとのこと。ベトナムでは、決して許されないことである。フリプス弁護士は、外国投資があまりないラオスで、このような商業的なローファームを経営してゆくのは厳しいといっていたが、母の国であるラオスの法整備に貢献をしているフリプス弁護士の健闘を祈りたい。

夕暮れ時、メコン川に沈む夕日を見に、ホテルから川岸まで歩いて南下してゆく。メコン川に沈む夕日はラオス名物であるとよく物の本に書いてあるので、期待を膨らませていたが、ビエンチャンの南のメコン川は意外に小さく、中央線から見た多摩川という感じで、残念ながらおよそ感動するにはいたらなかった。規模としては、ハノイの紅河のほうが大きいという印象である。

ハノイのように、ベトナムの伝統的な建物が残る旧市街があって、旧フランス植民地を偲ばせるフレンチビラが立ち並んでいる通りもなく、フレンチビラはところどころ朽ちかけたものが残存しているだけで、その他はこぎれいな新しい建物が、閑散とした町に散らばっているという感じであった。

その後、泊まっていたラオ・プラザホテルの周りを散歩してみた。バイクの後ろに幌車のついたトゥクトゥクの運転手が「トゥクトゥク！」と声をかけるので、その方を振り返ると、運転手はふっと反対側を向いてしまう。すると向こうから座席に少数民族の織物が貼ってあるすてきなシクロ（人力車）が来たので、呼ぼうとしたら、これもすーっと逃げていってしまった。これがベトナムだと、ホテルやレストランから一歩街路に出た瞬間に、セーオム（バイクタクシー）やシクロの運転手が「マダム、カラオケ、ブンブン」（女、カラオケ、セックスの意味）とぽん引きをするために言い寄ってきたり、やみ両替屋のおばちゃんが「チェンジダラー」などといって声をかけてきたり、ポストカード売りの少年がポストカードを押し売りに来たりして、決してほって置いてくれないのであるが、ここビエンチャンでは、そもそも街路に人がほとんど歩いておらず、誰も声をかけてくれなかった。ビエンチャンでは、外国人は珍しくないはずなのに、私が近寄ると取って食われそうな外人に見えたのであろうか、ラオス人に避けられてしまった形である。同じインドシナ半島の民族でも、ベトナム人とラオス人の気質は、かなり異なるようで、このときは、なぜかとても寂しい気がした。

その夜は、ラオス料理屋に招待を受け、ラオス専門家である日本大使館の真鍋参事官、長野一等書記官、ＪＩＣＡラオス事務所の青木所長や専門調査員の正木さんらから、ラオスの事情をいろいろうかがうことがてきた。青木所長によると、ラオスは、タイから一〇円で買った電気を、八円でベトナムに売ってしまうというようなところがあり、援助機関としては、つい守ってあげたくなる国であるという。

このときの調査結果をまとめた報告書は、ＪＩＣＡの本部を通じて、ラオスのＪＩＣＡ事務所と在ビエンチャン日本大使館にも送付した。ラオスは、経済的にはタイバーツ圏に組み込まれているが、政治的には社会主義を掲げているため、同じ社会主義国でのベトナムのまねをしたがるという。ラオスは、後発者の利益として、ベトナムの法整備の進展と混乱の双方を研究し、同じ過ちを繰り返さず、うまくいった点は学べばよいので、日本政府は、ベトナム法整備支援の経験を使って、ラオスで法整備支援を本格的に開始すべきと提言した。

ラオスには、フランス植民地時代の一九二二年に三八一ヶ条を有する民商法が公布されているように、ベトナムと同様フランス法をモデルとした法令が制定されており、現在でも、フランス法の影響が濃厚であるので、同じくフランス民法の影響を受けた民法を持つ日本は、ラオスに対して民法等の市場経済法の法整備支援をするのに有利な地位にある。ラオスでは、ベトナムより、もっと基礎的な法学教育から支援する必要があると思われるが、民事法と経済法の分離をしていないなど、ベトナムほど社会主義的な法学思想に染まっているわけではないようなので、ある意味ではベトナムより法整備支援がやりやすいかもしれない。

ベトナムとカンボジアではすでに本格的に開始されたＪＩＣＡによる法整備支援であるが、ラオスでも日本の短期専門家を派遣してセミナーを行ったり、日本の大学の法学部に留学生を受け入れるという形態での法整備支援が開始されつつある。この小さな、しかし愛すべき国に対しても、日本の法整備支援が本格的になされることを願ってやまない。

六　サパ　タイ族の高床式の家で寝る

一九九九年の九月の終わりになって、気温が下がってきたので、中越国境の山岳都市のサパに行くことにした。サパには、フランス資本のビクトリア・サパというホテルがあり、これに泊まると特別寝台列車に乗れるので、この切符を買って中越国境のラオカイまで行くことにした。

夜の一〇時前にハノイ駅にゆくと、特別寝台列車用の特別待合室に通されて、大きな漆塗りの椅子に腰掛けて、お茶を飲んだ。なかなか優雅な出発である。しかし、特別寝台列車に乗り込むと、一つのコンパートメントが他の通常の車両に付け加えられているだけで、小さな部屋に二段ベッドが二つあり、身長一八一センチの私が横になると、頭がつかえそうになるし、幅も狭く寝返りをうつと転げ落ちそうになるほどの代物だ。また、クーラーの効きも悪く、およそ快適とはいえない（但し、二〇〇〇年五月からビクトリア号という豪華列車が走るようになったとのこと）。この特別寝台用の車両は、すべての出入り口に中から鍵がかけられていて、他の普通車両から入ってこられないのはもちろん、列車の外からもこの特別車両には進入できないようになっている。また、各部屋の窓は小さくてそこから外に出るのは不可能であり、大きい窓には鉄格子がはまっているため、外からの侵入者は完全に防げようが、事故が起こって出火でもした場合、内部にいる乗客は、外部に脱出することができずに、蒸し焼きになってしまうおそれがあるので、閉所恐怖症の私としては、到底快適な気分になれなかった。ただし、普通車両に乗った白人に後で聞

サパ　ビクトリア・サパホテル

いたら、昨夜は暑くて狭くて一睡もできなかったといっていたので、比較の問題としては、特別寝台は快適であったのかもしれない。また、他の日本人が普通列車でラオカイにいったら、途中の駅で乗り込んでくるベトナム人が、生きている豚や鳥を席の下に入れてしまうため、車内はアニマルハウスと化し、およそ眠れる状態ではなかった聞いたので、人間しか乗っていない私の乗ったコンパートメントは、やはり「特別列車」であり、相対的にはとても快適であったのかもしれない。

列車は、朝の七時に中越国境のラオカイに到着した。子供たちが、列車に向かって石を投げてくるので、危なっかしい。駅の端っこは、もう中国の河口（ホーコウ）の町で、川の向こう側は、漢字で何とか飯店と表示してあるやたらと背の高いホテルなどのビルが林立しており、ベトナムとは一見して異なる風景であった。

ラオカイからは、ホテルが手配したベンツのミニバスでジグザグの道を快適に登ってゆく。道端には、南米のインディオの民族衣装のように、赤や青の色鮮やかなパッチワークのロングスカートを着ている花モン族の娘さんや、黒い藍で染めた高いえり付きの服と昔の中国の官吏がかぶるような丸い帽子をかぶった黒モン族の男たちが歩いていた。

フランス資本のビクトリア・サパホテルは、標高一五六〇メートルのサパの町の小高い丘の上にあり、ホテルの部屋から西を望むと、標高三一四三メートルのベトナム最高峰、ファンシーパンの青々とした山並みが見える。ここには、フランス植民地時代にも避暑用の立派なホテルがあったという。ホテルのベランダに出ると、ネパールのトレッキングのときと同様、まきのこげたようなような山岳地帯独特の匂いがした。このホテルには、小さいながらも室内プールがあるので、誰もいないプールで泳ぎを楽しんだ。

ホテルのカウンターでトレッキングのことを聞いたら、愛想の良いフランス人の支配人が、ポリスから譲り受けたというバイクのサイドカーに乗せてくれ、サパの町中にあるツアー会社に連れて行ってくれた。ここで、ベトナム人のガイドさんを紹介してもらって、明日から二泊三日のトレッキングに行くことにした。

帰り道にマーケットに立ち寄ると、黒モン族の男女が、たくさん来ていた。山から下りてきて、物物交換や生活必需品の仕入れをしに来ているようだ。黒モン族の青年や少年たちはみな時計をはめて、テレビのある食堂の前でテレビを見たり、時計屋やファミコンを売っている屋台の前でたむろっている。サパは、少数民族の青少年にとって、都会文明を吸収できるところなのである。

モン族には、この藍染めの黒っぽい衣装をきる黒モン族や、女性が赤や青の鮮やかなパッチワークの衣装を着る花モン族など多くの支族があるが、いずれも、中国でいう、苗族（ミャオ族）の一種族であり、モンというのは、彼らの自称である。黒モン族は、男女とも麻で織った濃い藍染めの服を着ている。

男は、刺繡をほどこした首を覆うような高い衿がついており、中国の昔の官服のように左右が切れて後

サパの町からファンシーパンの山並みをのぞむ◀

▶サパ　花モン族

サパのマーケット　花モン族のおばあさん◀

ろの尻尾が長い、水色の縁取りを施した上着を着て、中にベストを着込み、パンタロンのようなすその広がったズボンを履いて、昔の中国帽のような小さな帽子を頭に載せている。女性のほうは膝小僧の上まである比較的短いスカートに、水色の細いバンドを巻きつけた黒い藍染めのきゃはんを履いて、頭には円筒状の帽子をかぶっており、銀の大きなイヤリングとネックレスをつけている。

市場の二階に上がると、今度は、花モン族の女性たちが、渡り廊下に座り込み、藍染めの反物などを売っていた。花モン族の場合、おばあさんたちは黒地、若い女性はターコイズブルーの生地に、赤を主体とした派手な刺繡を幾重にもほどこしたあでやかな衣装を着ている。スカートは、扇形に開いていて、ヨーロッパの女性が昔はいていたもののようだ。脚反を履いているが、黒モン族とは違い、赤と水色を使用して、派手な色で何重にも刺繡がほどこしてある。頭には、黒モンのような単色の帽子ではなく、赤や緑や黄色の入った派手な色のきれを巻きつけている。黒モン族の女性が、花モン族のおばあさんから、刺繡を施したバンドを買っていた。私は、黒モン族の女性が交渉をしているのを横で聞いて相場を確かめて、花モン族のおばあさんから、水色の幾何学模様を施した藍染めの反物を買った。

市場の二階から、下を見ると、糸の束や銀細工をくっつけた赤ターバンをかぶった赤ザオ族の女性らが、フォーというベトナムうどんをすすっていた。ザオ族は、モン・ザオ語系に属するといわれているので、モン族と同系統の種族といえる。こちらのほうは、やはり藍染めの黒っぽい服を着ているが、女性はもんぺのようなズボンを履いており、このズボンや上着のふちには、白糸で、幾何学模様と木をかたどったような大変センスのいい刺繡がしてあって、黒モン族の衣装より、洗練された感じがする。

このあたりの少数民族の衣装には、民族ごとにはっきりとした差があり、少数民族の衣装の刺繡を見ているだけで、興味深く、時間がたつのも忘れた。

サパのマーケット——フォーをすする赤ザオ族の女性と黒モン族の男達

その夜、小高い丘の上にあるビクトリア・サパホテルのレストランから、町を見下ろすと、子供たちがたいまつをもって、サパの教会に入っていくのが見えた。食事をサーブしてくれるキン族（別名ベト族という多数・支配民族）の女の子に聞くと、お祭りであるという。なかなかロマンティックな光景だ。少数民族を懐柔するために、キリスト教の坊さんが少数民族の収穫祭にあわせて、お祭りを設定したのであろうか。

翌朝、ガイドさんと一緒に、深緑色のロシア製の軍用ジープに乗って、サパから南東に伸びる谷の上流に向かった。ロシア製の軍用ジープはなかなか走りがよく、道が川を横切るようなところでも、なにも問題もなく進んでゆく。最後のマーケットであるスーファン（Su Phan）でおりて、ここからトレッキングを始めた。

ガイドさんは、ハノイの南のタイビン省の出身の人であるが、元は、サパの人民委員会の財政会社に勤務していた人で、少数民族が森林を保護し、伐採しないことを条件に、彼らに米を低価格で売り渡したり、無償で交付したりというような仕事をしていたという。そのためか、彼はサパ近郊の少数民族の村々の人

サパ　少数民族の女性が棚田で稲刈をしている

と知り合いであり、地元の人々の生活の実情が知りたい私のガイドとしては、うってつけの人であった。彼はハノイの観光大学で研修を受けたためか、英語がかなり話せるのであるが、私がベトナム語を多少は聞いて話せることを知ると、喜んで、トレッキング中、とめどなく、地元の役人の腐敗や、少数民族の暮らしぶり、森林の伐採の歴史や盗伐などの実情を話してくれた。このガイドさんは、自分の英語が十分でないので、いろいろ外人に伝えたいことがあるのに、十分に表現できないことを残念に思っていたと私に語った。

ガイドさんが人民委員会の財政会社を辞め、ガイドになったのはひとつには役人の給与が安すぎるということがあるが、役人の腐敗に嫌気がさしたことが大きな原因であるという。

ガイドさんは、ベトナム語で、道で出会った若いタイ族の若者に、今日おまえのおじさんの家に泊まるから、鳥と卵を用意するように伝えてくれと頼んでいた。このあたりでは、ベトナム語は「tieng《ティエン》 pho《フォー》 thong《トン》」（共通語）といわれ、各少数民族間の共通語として通用している。その日に泊まったタイ族の家には、ちゃんと鳥と卵が用意してあり、私は、フォーガー（ゆでたチキン入りのうどん）とオムレツを食べることができたので、この伝言は正確に伝わっていたことが判明した。ガイドさんによると、このあたりの村は、季節により米も十分に採れないことがあるので、このあたりの家に泊まるときは、事前に言っておいて食料を確保しておかなければ、だめだという。

この季節は、ちょうどお米の収穫の季節で、斜面を見事に開拓した棚田には、黄金色になった稲穂にお米がたわわに稔っている。ガイドさんから、植民地時代にフランス政府の持ち込んだたけの低い低地米、背丈の高くて、実の先にのぎが長く突き出ているもち米、陸稲など、稲の見分け方をいろいろ教えてもらった。田んぼでは、少数民族の娘さんたちが、稲の刈り取りや脱穀をやっていた。

この日の昼食は、赤ザオ族の家でとった。赤ザオ族は、女性が頭の毛をそり、赤い大きな頭巾をかぶる特徴的な民族である。この赤ザオ族の家の主人は中越戦争ときに、所有していた水牛や米がベトナム軍により徴発されたので、その補償を人民委員会に求めており、これを認めた人民委員会の決定書を持っていた。この主人は、ガイドさんに、これがどのように実行されるか、人民委員会に聞いて欲しいと頼んでいた。ガイドさんは、人民委員会は辞めたが、いまでも村人からいろいろこのようなことを頼まれているようである。財政難の中、戦後補償がともかくなされようとしている点は、ベトナム政府もたいしたものであると思う。

この主人は、中国語で書かれた家系図と健康のためにどのようにすべきということを書いたまじない書のような本をもってきて見せてくれた。「見師人洗身病者無防、……」と和紙に漢字で書いてある。この主人は、中国語の読み書きと会話ができる。彼ら赤ザオ族は、三〇〇年ほど前に中国から南下してきたという。以前は、このあたりの少数民族は、中国語を共通語として、会話をしていたそうだ。私の名前を

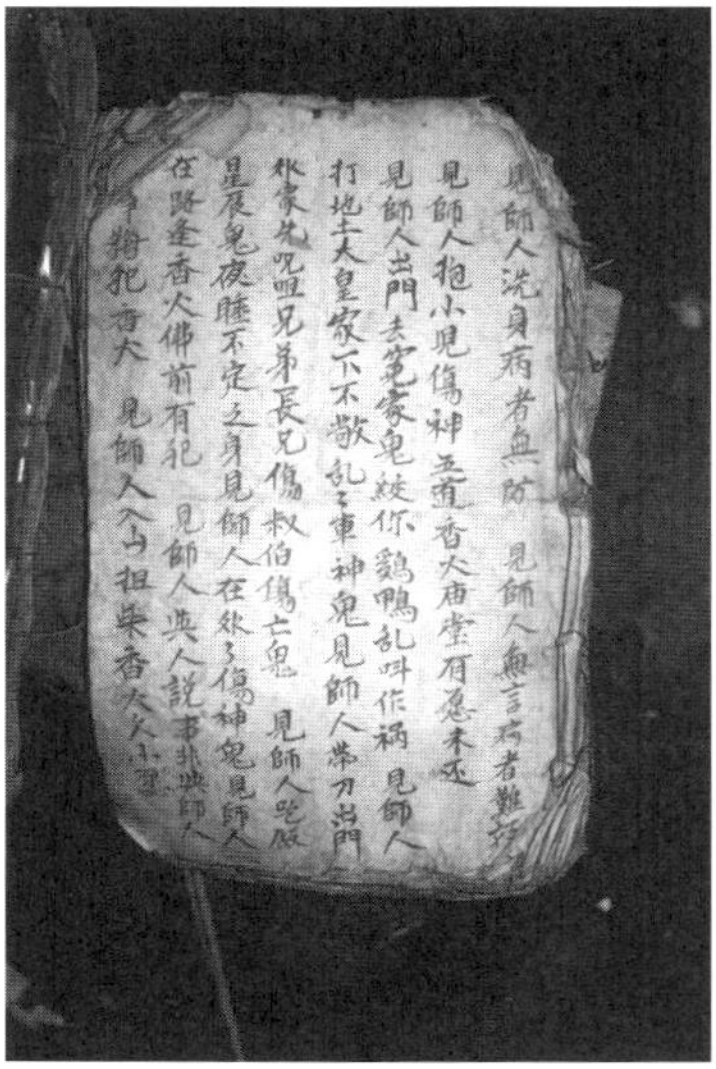

赤ザオ族の主人が持っていた
漢字の本

赤ザオ族の主人と
漢字で書いた家系図の本

「武藤」と紙に書いたら、理解してくれた。ただし、子供たちは、もう中国語や漢字を理解せず、部族語以外はベトナム語しか理解しないという。

　ザオ族は、男も女もズボンを履いている。奥さんは額の毛と眉毛をそっており、家の中でも赤い頭巾をかぶっており、上着の衿には、薄茶色の幾何学模様の刺繍があって、赤色の刺繍で縁取りがしてある。ローティーンの目のくりっとしたかわいい女の子は、赤い頭巾をかぶっているが、頭の毛も眉毛もそっていないし、藍染めの服にしてある刺繍も、単色の薄茶色で、簡単なものだ。赤ザオ族では、女の子が一三歳になると、頭の毛と眉毛をそる成人の儀式を受けるとガイドブックには書いてあった。主人のほうは、黒いフェルトのようなベレー帽をかぶっている。女性と同じ藍でそめた上下を着ているが、戸主としてのステイタスを示すものなのであろうか、主人の上着の袖には、幾何学模様の細かい刺繍が三段に施してあった。ザオ族は、他の民族とは異なるのか、奥さんが赤ちゃんをおんぶしていた。

その日の泊まりはタイン・フー（Thanh Phu）村のタイ族の高床式の家になった。この村は、山岳地帯にしては、比較的大きな盆地に位置し、まとまった水田があるので、豊かな村のようである。この村の家々は、水力を利用した自家発電機を持っており、電気で起動する脱穀機を使用している農家もあったし、また泊まった家の夜の照明は電灯を使用していた。タイ族のまだ若い主人は、Tシャツと短パンといういでたちであったが、頬骨のでた典型的なキン族の顔であるガイドさんとはちがって、黒目が多く、目がくりっとして全体に丸顔の彼はタイ族の典型的な顔であると思う。しゃべり方も、アグレッシブなキン族のガイドさんとは異なり、どことなくのんびりとして穏やかであった。このあたりの山岳少数民族の家は、みんな高床式の家で、一階部分は、家畜を飼うスペースになっており、二階が居住部分になっている。ただし、水場が一階にある関係上、このタイ族の家では台所は一階にあった。ガイドさんに言わせると、一階で家畜を飼っている家は、家畜の糞のにおいで臭くてたまらないので、一階で家畜を飼うのをやめて、家の周りに買っている家を泊まり場に選んでいるという。

このタイ族の家は、この村の有力者のようであり、がらんとした二階にある祭祀用の調度品や机や椅子が大変立派な木を使用して裕福そうである。人民委員会から表彰を受けた賞状がいくつも貼ってあった。夜には、歯が痛くなったという村人がここの主人から薬をもらいにきていた。奥さんに聞くと、中学校にいっている子供たちは、サパの町で寄宿しているようで、奥さんは子供たちがみんな村を出て行ってしまって、淋しいと言う。この村には小学校までしかないので、それ以上の高等教育を受けるためには、町に

◀サパ　黒モン族の娘さんと

▶サパ　高床式の家の集落
タイ族の住むタインフー村

サパ　タインフー村　タイ族の
高床式の家の中で◀

出るしかない。今では、このあたりの少数民族の人たちは、ほぼベトナム語を理解するようで、私とタイ族のおばさんは、ベトナム語で会話をすることができた。寝たのは、蚕だなのような三階で、白い蚊帳の中に布団がひいてあったが、ノミや南京虫などに食われることもなく、なかなか快適であった。

翌朝、起きると、ガイドさんがさっそく朝餉の支度をしてくれていた。このガイドさんは、ヨーロッパのツアー会社からガイドとしての教育を受けているので、外国人のための衛生上の配慮を知っている。トレッキングの際は、少数民族の家の台所を借りて食事を作るのであるが、食器を熱湯で煮沸してから使用するし、水は煮沸したもの以外は飲ませない。おかげで、三日間のトレッキングの間、おなかは快調そのものであった。

びろうな話であるが、ここの快適な「水洗トイレ」にも言及してみたい。大体、ベトナムの田舎のトイレというのは、溝があるだけであったり、場合によってはトイレが存在しなかったりして、旅行をする際の一大問題であるのだが、ここの場合は、庭先の小川から水をひいてほとばしる清流の上にトイレが作ってあるため、すべては水流とともにきれいさっぱり流れ下るというものであった。もっとも、流れ下った下流で、この水を飲料水や洗濯用に使用するので、公衆衛生上、上下水分離の観点からは大問題であるが、使用したところ主観的にはきわめて快適であった。

タイン・フー（Thanh Phu）村を後にして、ファンシーパン側の山の斜面をトラバースしてゆく。この日の昼食は、少数民族のなかでもきわめて人数が少ないサフォー族の家でとった。サフォー族は、別名Phu《フー》 La《ラ》族ともいい、チベット、ビルマ語系の民族であるという。ベトナムには、六五〇〇人しかいないそうだ。

サフォー族の高床式の家の竹を組んだ床の二階には、家具というものがほとんどなく、囲炉裏とハンモ

サパ　サフォー族の高床式の家で昼食◀

▶サパ　稲穂のみを刈り取っている原始的な方法

サパ　サフォー族の子どもたち。女の子の民族衣装がしゃれている◀

泊ったタイ族の高床式の家
上部の蚊屋のあるところが客のベッド

ックがあるばかりだ。この家のまだ一〇歳くらいと思われるまつげの長い、かわいらしい女の子が、かいがいしく水汲みをしたり、お湯を沸かしたりしてくれた。男の子も数人家に集まってきているのだが、男の子はまったく働かないところを見ると、サフォー族の男性は家事はやらないのがしきたりなのであろうか。サフォー族の女の子たちは、黒い地の細身のロングスカートとえりの丸くあいた長袖のブラウスに、赤や緑の小さな三角形を組み合わせた幾何学模様のしゃれた刺繍の施してある服を着ている。首には色石のネックレスをつけ、頭には淡いピンクと緑と赤色で織ったきれを巻きつけており、とてもおしゃれだ。ふしぎと、男性は、中国製の普通のズボンに薄手のシャツという姿で、黒モン族や赤ザオ族のように、民族服を着ていない。サフォー族の子供たちは、小鼻が横に広がっており、鼻筋の割と通った黒モン族やザオ族より、南方系の顔立ちをしていた。サフォー族の家々は、山の斜面に張り付くように点在し、山間の小盆地に住んでいるタイ族などと比べ、より原始的な生活をしていた。ガイドさんによると、サフォー族の住むここの村は、見るには面白いが、

サパ　黒モン族の青年 — 火なわ銃を持っている

食料も少なく、水も得にくいので、泊まるのはよくないという。このあたりの村では、稲も、根元からは刈らず、稲の穂のみを刈り取っている。日本では、弥生時代に行われていた刈り取り法を、西暦二〇〇〇年になろうとする今でも行っているのである。

トレッキングの道端で、若い男が赤ちゃんをねんねこに入れて背負っているのに出会った。この若い男の子供であるそうだ。このあたりの少数民族では、男が子守りをしているのをよく見かける。女が、稲刈りにいくからであろうか。バングラデッシュでも、田植えは女の仕事なので、田植えの時期は、男が子守りをすると本で読んだことがあるが、ここでは、稲刈りの季節以外もこうなのかは分からない。大の男が、赤ちゃんをオブっている姿はとてもこっけいだ。最近はやりの育児休暇より、進んでいるかもしれない。

斜面を下りると、そこは、滝の下のプール状になった川であった。水は亜熱帯にしてはめずらしく青く澄み、透明度が高いので、日本住血吸虫もいないだろうと思い、泳いでしまった。ハノイ以下、ベトナムの平地では、川は常に泥でにごっているので、久しぶりに透明の川を見た。

二日目の泊まりは、小さな盆地の中にあるバンホー（Ban Ho）村のタイ族の家である。ここのタイ族の主人は、後頭部が長く、眉毛が薄くて一重まぶたのアーモンド形の目をしており、大学時代の山登りのクラブの先輩に瓜二つだ。キン族の中には、同級生や近所の人によく似ているひとが多いとハノイに来た日本人はよくいうが、このあたりの少数民族の人の中には、自分の知っている日本人に瓜二つというか、本人そのものではないかと思うような人が、キン族よりさらに多いような気がする。

最近読んだ法医学の雑誌に、最近のDNAの研究によると、中国南部の苗族は、中国の華人、韓国・朝鮮人、日本人という一つのグループとは異なるグループに属することが分かったと書いてあった。しかし、これは畿内の韓国・朝鮮系や東北日本のアイヌ系等々、各種民族の混血の産物である日本人の平均値をとったときの話であり、顔立ちの類似性からして、日本人の中には、苗族の末裔がいると思わざるをえない。

夜になって、タイ族の高床式の家の二階の竹で組んだベランダから、空を見上げると、天の川が雲のようにかかっており、白鳥座の十字星がくっきりと見えた。蛍が時折、蛍光色のすじを描いて夜空を飛んでゆくのが見える。山岳地帯の夜は、さすがにひんやりとしていた。

翌朝、バンホー（Ban Ho）村を出発し、サパの町まで、谷の右岸の斜面をトラバースしてゆく道をトレッキングする。このあたりの山は焼き畑になっているため、草原と背の低い木がまばらに生えているだけで、黒くなった石灰岩が蟻塚のようにところどころ露出している。道沿いには、巨大なショウガ科の植物が群生して白い大きな花をつけており、また時折、強烈なジャスミンのような香りのする白いくちなしのような花も咲いていた。濃いピンクのノボタンの花も、あちこちに咲いており、このあたりは花街道のようである。

ジウカンという少数民族の酒　竹のストローで飲む

尾根の鞍部に出ると、黒モン族の若者が、道の真中で寝転がっている。顔を見ると、大学生のころによく一緒に沢登りをした後輩に似ている。よく見ると、銃身の細い火縄銃を持っているので物騒だ。酒を飲みすぎて、二日酔い状態であるようだ。ガイドさんは、彼を起すと、おまえは、どこどこ村のだれそれの息子だろう、大きくなったな、結婚はしたのか、子供は何人いるのかと、キン族特有の質問を彼に投げかけた。黒モン族の若者は、起き上がると、私たちにまとわりついて来て、自分のうちに遊びに来いといっていたが、二日酔い状態でも彼の足取りはとても速く、私たちは彼の歩調にとてもついていけないので、先に行ってもらった。ガイドさんによると、このあたりの少数民族は、現金収入もなく、日ごろはお酒を飲まない。しかし、秋の収穫時には、お酒を造ったり、買ったりして、一挙に何リットルも飲んでしまい、そのために、病気になって早死にしてしまう者も多いという。山道を歩いてゆくと、黒モン族の青年はまた道の真中で、仰向けになって口をあけ、死んだように寝ていた。

サパ　タイ族の娘さん

尾根をトラバースする道の高度が上がって、焼畑が見えてくると、大学生らしいキン族の女の子達が山を上ってきて、英語で挨拶をしてきた。聞けば、彼女らは、この先の部落の小学校の教師をしており、サパから歩いて学校まで通っているという。女の子だけでこんな風に山道を歩けるのは、このあたりはよほど治安がよいのであろう。

　昔、金を掘り出していたので、金掘りの人間がたくさんいたという金掘りの跡を通ったが、森林が伐採されつくして、周りは禿山になっており、昔あった川も森林の消滅とともに枯れてしまっていた。ガイドさんは、その昔、ここで金掘りの労働者に採掘許可のチケットを売っていたという。

　途中、モン族やザオ族の人と何回か行き交うが、みなガイドさんと知り合いらしく、人懐っこそうな笑顔で、ガイドさんと話している。

　サパの町に着く前の山道の中で、暗くなってしまい、星の明かりを便りに、すべりやすい山道を下ることになった。山賊がでやしないかと、多少心細くなる。サパの町に近くなって、民家の脇を通ると、夕餉の時間で、ランプやろうそくの火をともして、子供や老人を交え一家団欒で、食事をしている光景が見えた。こんな寂しいところに来ると、ベトナム人が家族団欒をもっとも大切にする理由がわかる。民家のそばに近づくと、番犬が吠え掛かってくるので、ガイドさんが、石を投げる真似をして、掛け声とともに、気合で追っ払ってくれた。とても頼りになるガイドさんであった。サパの町に着いたのは、夜の七時過ぎで、もう山の端から北斗七星が輝いていた。

七　プレイクへの出張

二〇〇〇年の三月、ホーチミン市から、中部高原の町プレイクへ飛行機で飛んだ。朝七時四五分にプレイク空港に着く。気温は摂氏二二度、霧が出ていた。プレイクでは、乾季と雨季の二季しかなく、今は雨季のはしりのようで、朝は、半そでては少々寒い。

人口二〇万人のプレイク市を省都とするザーライ省は、人口約一〇〇万人の省であるが、その人口の四八パーセントがザーライ、エデ族などの少数民族であるという。着陸のため上空を旋回している飛行機の窓から、プレイク市を見ると、剥き出しになった赤土の土壌に、コーヒーやゴムなどの栽培作物のプランテーションが広がっており、一見して森林破壊がすごいことがわかる。

今回の出張は、Law Data Baseというコンピューター化されたベトナム法のデータベイスの構築のため、コンピューターをこの地方の司法局に供与したので、その使用状況をチェックするのが目的である。

▶プレイク市　ザーライ省司法局

▶プレイク市ザーライ省司法局に供与したコンピューター

さっそく、雇った車で省の人民委員会に属する司法局にゆく。意外にも、このザーライ省の司法局の建物は、ハノイの司法省の本省より、ずっときれいで、立派であった。司法局の局長さんが迎えに出てくれ、ザーライ省やコンピューターの設置状況を説明してもらった。これも意外なことで、ここの司法局は各部屋にパソコンが設置してあって、ＪＩＣＡプロジェクトで供与したメイン・コンピューターと各部屋のパソコンがイントラネットでつながっており、法令の検索が各部屋でできるようになっている。それだけでなく、プレイク市から東に一七〇キロもいった二つのKong Chro、Krong《クロン》 Pa《パ》というコミューンにも、Law Data Base用のコンピューターを自前の予算で設置し、プレイク司法局のLaw Data Baseにもアクセスできるという。昔はハノイで出された法令を地方のコミューンに届けるために、一〇日以上かかったのが、このコンピューターのおかげで、法令が入力され次第検索できるようになったとのこと。日本でさえ、法令検索のコンピューター化などあまり進んでおらず、省庁の間でのみ利用できるイントラネットがあるにすぎないのに、これでは、日本より、ザーライ省のほうがよっぽど進んでいるではないか。ベトナムのLaw Data Baseシステムは現在、約一五〇〇〇件に及ぶ中央省庁の法令を収録しているが、これはすでにＣＤディスクに焼き付けられていて、数十米ドルで発売される予定である。しかも、この地方のコミューンのコンピューター化やＣＤ化は、ベトナム政府の予算で行ったという。

私は、これを聞いて、ベトナムは侮れないと深く感じ入った。ベトナム法整備支援は、日本政府の法整備支援としては、パイロット・プロジェクトであり、私が初代の現地駐在員であったので、始めは何をするにも壁にぶつかり、この壁を次々と壊してゆくという作業を日越双方に対して行わなければならなかったし、当初は秘書もなく自分一人でプロジェクトのすべて切り回さなければならなかったので、赴任後一年目をすぎるまでは、首都のハノイに張り付いているという状況で、なかなかベトナムの各地を旅行する時間もなかった。そのため、ここに出張する前は、ザーライ省というのは、ふんどしを締めて刺青《いれずみ》をした少数民族が高床式の家に住んでいる僻地の省という先入観があったので、意外なコンピューター化を目の当たりにして、やはり現場を見ないことには、援助などできないと改めて感じた。実は、ザーライ省は、コーヒー、こしょう、ピーナッツ、ゴム等、貴重な外貨を稼げる換金輸出作物が取れるところであるため、財政的に豊かな省であり、輸出作物関係の国営会社も多数あって、ベトナム政府は、ここに優先的に投資し、経済発展させようとしているのであった。

ただし、元来平地住みである多数民族であるキン族が、政府の奨励政策もあって、新たな耕作地を求めて山岳地域に多数移住したために、在来の少数民族との間に土地をめぐる軋轢が生じ、二〇〇一年になってザーライ省で大規模な少数民族の暴動が発生したと外国のメディアにより報道されたが、当時は、少なくとも外見上は、そのような不穏な雰囲気はまるでなかった。

司法局を視察した後、司法局長が車でプレイク市の郊外にある湖に連れて行ってくれた。灰緑色の大きな湖を二つに分けるように半島が伸びていて、そこには展望台がある。司法局長によると、この湖は火口湖であるという。確かに、湖の周辺はクレーターのような形をしていて、水は灰緑色なので、火口湖のようである。ベトナム戦争前には、この湖の周りは森林に覆われ、湖には多数のワニが住んでいたが、米軍が枯葉剤を撒いたため、森林は枯れ、ワニもいなくなってしまったという。

その後、市内の公園の中にある、ザーライ族のコミュナルハウスを見に行った。この家は、船を逆さにした形をしており、ザーライ族が海洋民族（マラヨ・ポリネシア族であるという）であった名残であるという。

泊まったホテルは、ホーチミン市博物館の前にあるプレイクで一番いい国営プレイク・ホテルであった。

一番いいといっても、古いソ連スタイルの殺風景なホテルで、一番高い部屋でも一泊三五ドルしかしない。北部の地方に出張した人から、一番いいホテルでも、トイレから水がまったく出でないので、庭に穴を掘って用をたしたと脅されていたので、だいぶ覚悟をしてきたのであるが、ここは、外人の泊り客も多く、部屋は清潔で、トイレの水も流れ、ホットシャワーも出るし、クーラーも利いて、快適そのものであった（以上列挙したことは、ベトナムの地方では決して当然ではないので、念のため）。やはり、南部、中部は北部と比べてインフラがいい。

その夜、司法局長主催の夕食会があった。人民委員会の前の、広い道路に面するなんの変哲もない、ベトナムの飯屋であったが、出されたローストチキンは絶品であった。ヌックマムと砂糖で甘辛く味付けされ、皮があめ色にカリッと焼きあがっている。今まで食べたおよそいかなる肉より美味しいものであった。以前、やはり中部高原のダラットに遊びにいった際に、ダラット市場で食べたCom《コム》 Ga《ガー》（鳥飯）も美味しかったが、プレイクのものは、本当に生きていてよかったと思えるほど、美味しいチキンであった。聞くと、店主もコックも中国系の人であるという。男の幸福は、日本人のワイフを持ち、中国の飯を食べ、西洋の家に住み、アメリカドルを持つことであるという言い古されたことわざがあるが、このことわざには深い含蓄があるようだ。この夜は中国の飯だけで、たいそう幸福であった。

夜になってから、ホーチミン博物館に隣接する公園の中にある露天のカフェーまで散歩がてら歩いてゆき、星空を見上げながらコーヒーを飲んだ。赤、青、緑、黄色の豆電球がイルミネーションになっている薄暗い露天のカフェーで、背の低いお風呂の腰掛けのようないすに座ってコーヒーをするのは、ベトナム情緒満点である。さすがに、コーヒーの産地だけあって、ここのコーヒーはこくと風味があって美味しい。アルミのフィルターにコーヒー豆を入れて、ちょぼちょぼ真っ黒いコーヒーが落ちるのを待つのは、

▲プレイク市出張　地元の司法局長さんとの夕食

◀プレイク市、絶品のローストチキン、司法局長との夕食

プレイク市ザーライ族のコミュナルハウスにて、司法局長と▶

まどろっこしいが、とりたててやることのないこんなときには、かえっていい。濃いフィルターコーヒーには、練乳入りのカフェースア（cafe sua、ミルクコーヒー）がよく似合う。

高原の町だけあって、夜は涼しい限りだ。公園の入り口には、若い女の子がたくさんたむろっていて、なにやら怪しげだ。売春婦でもないようだが、女の子たちはけらけら笑って、私のほうになにやらベトナム語で話し掛けてくる。若者たちの遊び場が少ないせいか、このなにげない露天のカフェーは、地元の若い男の子や女の子の溜まり場になっているようだ。

翌日、プレイクからホーチミン市またはハノイに行く飛行機は週に一便しかないので、司法局長の薦めに従い、プレイクからバンメトーを通ってホーチミン市まで、高原の道である国道一三号、一四号線を五〇〇キロほど、司法局の車で、ひた走ることにした。

プレイクからバンメトーまでの道は、中部高原地帯の尾根の上を走る展望のよい道である。しかし、焼き畑や伐採による森林の破壊はひどく、国道一三号、一四号線から見渡せる範囲には、もはやまともな森林は残っていないといえるほどである。焼かれて木も草もなくなった禿山の斜面に、大きな熱帯樹木の残骸が焼死体のように横たわっているのを見るのは、やりきれない。ここには、かつて豊かな森林があって、つぶらな瞳のスローロリスなどが住んでいたかと思うと、胸が痛む思いである。

途中、コーヒーやゴムの単一作を行っている大プランテーションを何度か見た。ゴムに木の皿がくくりつけてあり、カトリーヌ・ドヌーブ主演の映画「インドシナ」に出てくるゴム園の光景そっくりであった。

この国道一三号線の沿線は、少数民族が多く、途中で、前に長くたらしたふんどしをはめて、腕に黒い刺青をした少数民族のおじいさんが、道路脇を歩いていた。本当にこんな人が今でも国道脇に住んでいるのである。道路沿いには、低い高床式の少数民族の家が並んでいる。ザーライ省は、コンピューター化さ

ダックラック省の焼畑　森林はほとんど残っていない◀

▶ザーライ市からダックラック省へむかう高原の道

ザーライ省　ゴム園の中を通る国道◀

れた法令検索システムと、ふんどし、刺青姿の少数民族が同居する不思議な地域である。

ザーライ省とダックラック省の境に、ベトナムにしては珍しく透明な水が流れる川があり、そこで、車を停めてひと休憩をする。橋を下りて川原に下りてゆくと、優曇華《うどんげ》の大木が無花果《いちじく》のような実をたくさんつけていた。熟れた赤紫色の優曇華の実が、木の周り一面に落ちていて、甘酸っぱい香りを回り一面に発散させていた。

途中、ダックラック省の省都であるバンメトーの町に立ち寄り、飯屋の二階に上がって昼食を食べることにした。すると、偶然、その飯屋にバンメトーの司法副局長がおり、なぜか一緒に昼食を食べることになった。予定外であったが、その副局長氏の熱心なすすめにより、バンメトーの司法局も見学させてもらった。副局長氏のパソコンから、ためしにLaw Data Systemにアクセスしたが、これがうまくいき、さらに、ここに来る前にやはり供与機材の確認のために出張した北中部のゲアン省の司法局が入力した地方政府の法令にも、このバンメトー市司法局からアクセスできた。知的支援の好例といわれる法整備支援であるが、このように効率よく利用される機材供与であれば、機材供与も法整備に大きく貢献するので、無駄ではないと思う。しかし、問題は、肝心なバンメトー副局長氏がパソコンの扱いかたをよく知らないので、彼自身はアクセスできないということである。同行したLaw Data System担当の司法省法学研究所のB君によると、近々、司法省の職員が全国を回り、司法局の職員向けに、パソコンの扱い方の研修を行うという。このあたり、ベトナムはつくづく自立的な発展の可能性のあるすばらしい国であると思う。

バンメトーの司法副局長氏は、私たちを気に入ったらしく、今日は一晩ここに泊まってゆけと誘う。ここで半日あれば、少数民族の生活を見に行ったり、ゾウでトレッキングができるという。このあたりは、人懐っこいベトナム人のかわいいところである。大変魅力的なお誘いであったが、先の予定もあるので、

ダックラック省司法局の副局長
Law Date System がパソコン画面に出ている

再会を約して、高原の町バンメトーを後にした。

プレイクからホーチミン市まで走ってくれた司法局の運転手は、元大型ダンプの運転手だけあって、運転がうまい。マレーシア製のプロトンという小さい車であったので、事故を起こしたらひとたまりもないが、時速一二〇キロくらいで爆走しているのに、危険なところは事前に予知して、クラッチをうまく使ってきれいにスピードを落とすので、危なげがなかった。朝八時半にプレイクを出て、ホーチミン市についたのは、夜の七時であった。

八　カントー

二〇〇一年三月の帰国の直前、メコンデルタの中心地のカントーを訪れた。豊穣なメコンデルタを象徴する都市と聞いていたが、ホーチミン市から結構時間がかかるので、なかなか行く機会に恵まれなかったのである。ホーチミン市のタンソンニャット空港からホテルの差し向けたルノーに乗って、素敵に整備された道をひた走る。米軍が駐屯していたせいか、北部と比べ、南部は道路のインフラが格段によい。カントーの手前で、フェリーに乗ってメコン川を渡るが、フェリーに乗るまでに小一時間くらい待たされた。この待合の行列を狙って、道路の両端には、何百件という飯屋や茶店が並んでいる。その一軒の茶店に入って、ココナッツジュースとフィルターコーヒーを飲んだ。それでも、時間があるので、行商の女の子を冷やかして、これは何だとベトナム語でやり取りする。南部の言葉なので、分かりにくいが、何とか通じた。女の子が竹で編んだ籠の上に、丸いパウンドケーキのようなものを山のように積んでくるので、買って食べてみたら、卵入りのふわっとして甘いケーキで、素朴ながらとても美味しかった。なおも、道路を歩いてゆくと、路上で、豚肉やチム（ｃｈｉｍ、小鳥）をあめ色にローストしたものを、御飯の上にのせて、プラスチックのパックに入れ、お弁当にしてくれる食堂や、バナナの葉っぱに春巻きを包んだものを糸で吊り下げて、六〇〇〇ドン、一万ドン、一万二〇〇〇ドンなどと、値段札をつけて売っている店がある。真っ黒にローストした子鳥を買って食べてみると、甘辛く仕上がっていて、なかなか美味であった。南部の食べ物はなかなか美味しい。

カントーでは、フランス資本のホテル、ビクトリア・カントーホテルに宿を取る。一九三〇年代のフランス植民地時代の建物を改装したもので、各部屋の入り口は回廊でつながっており、直射光線を避けるようなつくりの熱帯コロニアル風の建物であった。前庭には、二メートルを越す深いプールがあって、白人が泳いだり、プールサイドのチェアーで、寝ころがってくつろいでいるさまはなかなか絵になる。

メコン川に面するホテル、ビクトリア・カントーホテルの前の船着き場から、ホテルの小船でカントー市場の船着場に向かう。船着き場を降りて、ニンキュウ公園を抜けると、カントー市場のはす向かいに感

カントー　ビクトリアカントーホテル

カントー　メコン川をわたるフェリーを待つ

じの良いcafeがあったので、二階に上がってコーヒーを飲むことにした。このcafeは、古いフレンチビラを改装したもので、天井からはプロペラ式の大きな扇風機が釣り下がっていて、川辺から吹いてくる心地よい風を送ってくれる。外の日差しは強いが、このフレンチビラの二階は、風が通り、快適だ。二階のベランダ越しに、バーミリオンレッドの火炎樹の花が青空に映え、その向こうには、野菜や果物を積んだ船がメコン川を行き交かっているのが見える。

このcafeのまだ若いベトナム人の女主人は、コーヒー色の肌がつやつやしており、なかなかチャーミングだ。彼女は、白人の観光客に流暢なフランス語で応対している。古いフレンチビラの二階で、天井から釣り下がる扇風機の風に涼み、深炒りのコーヒーをすすりながら、ベトナム人の女主人が白人とフランス語で会話をしているのを聞くと、なんだか植民地時代にタイムスリップしたような感じがした。カントーは、フランス植民地時代の香りの残る町である。

カントー市場端にあるニンキュウ公園の船着場に戻って、小船を雇って、メコン川クルーズに出る。二時間で、一〇万ドンであった。タムさんというよく肥えたおじさんが船主兼船頭で、一〇歳の甥っ子の坊やが助手を勤める。

三〇分も南に下るとフローティング・マーケットに着く。周囲の農家が、収穫した果物や野菜を小船で運んできて、川べりにある市場におろしに来ていた。

真っ赤なゾイの実、青いマンゴーやスターフルーツやバナナ、黄色に熟れたパイナップルやドリアン、濃い紫色のマンゴースチンなど色とりどりの熱帯フルーツが、船にヤマ積みになっている光景は、豊かなメコンデルタの象徴のようである。面白いことに、各船はその積んでいるフルーツや野菜を竿の先に刺しており、何を積んでいるのかを宣伝しているようだ。ここらを往来している小船は、住居を兼ねているも

◀カントーの水上マーケット

▶カントーの水上マーケット

カントー　ローストポークと
ロースト鳥◀

のも多いらしく、中には、キッチンがあって、家財道具一式が積まれているものも散見された。

　私が乗った小船は、小さな水路の中に進入してゆく。私は、船のへさきに乗って、風を満面に浴びた。水路の緑の水中からは、青々としたウォーターココナッツの大きな葉が整列して生え出しており、巨大な櫛が水中から飛び出してきたように見える。川辺には、農家の家々があって、人々は、水路で水浴びをしたり、洗濯をしたりしている。小船は、休憩のため川辺の農家に上陸した。農家の軒先には、うすむらさき色のつる植物の花が藤の花のように垂れ下がっており、クマバチが蜜を吸いにきている。農家の庭からゾイの実、熱帯オレンジ、小さなモンキーバナナをもいできて食べた。真っ赤に熟れたゾイの実はほんのり甘くて、口の中がすっとするし、熱帯オレンジは香りがよい。熱帯の昼間であるが、日陰にはいると心地よい微風が吹いて涼しい。農家の庭先の縁台で、横になってお茶を飲みながら、昼寝をした。なんとも優雅な一日であった。

九　ハノイのcafe

　三年三ヶ月の間住んでいたハノイで、忘れがたいのは、ハノイの旧市街の西のはずれにあるCua《クア》 Nam《ナム》通り二五二番の通称cafe 252だ。正式名称をKindo Cafeという。ここは、カトリーヌ・ドヌーブが映画「インドシナ」を撮影したときに、カフェオーレを飲むために、毎日通ったといわれる。ここの主人は、八〇歳をこえるおじいさんで、その昔、フランス領のニューカレドニアで機械技師をしていたので、フラ

毎日通ったCafe252

ンス語が堪能である。Lonely Planetにのっているせいか、白人の客が多いが、カフェオーレが一杯七〇〇〇ドン（約五〇米セント）とそれほど高くないので、ベトナム人の客も多い。

このおじいさんは、ちゃっかりカトリーヌ・ドヌーブと二人だけで写真を撮っていて、店にはその写真が飾ってある。

ハノイにいるときには、ほぼ毎日ここに通い、日に二回ここに行ったこともしばしばあった。ここのカフェオーレは牛乳が濃くておいしいので、どうしても、飲みたくなってしまうのである。ベトナムは南国であり、乳牛が育つには暑すぎるので、基本的には牛乳は国内であまり生産されていない。しかし、このcafe 252は乳牛を飼っている農場と契約しており、毎日農場から三時間かけて牛乳を持って来るという。ここの牛乳を買って帰ると、ビンのふちに天然のバターが付着する。それほど、濃いのである。日本に帰ってから、どうもカフェオーレがおいしくないが、牛乳が薄いのが原因なのであろう。今も、日本でカフェオーレを飲むたびに、cafe 252の濃いカフェオーレが懐かしくなる。ベトナム離任後一年間の間に三度短期でベトナムに出張したが、その度に、必ずここのカフェオーレを飲みに行くほどである。

カトリーヌ・ドヌーブといえば、ハロン湾にもカトリーヌ・ドヌーブが泊まった国営ハロンホテルがあり、そこには、カトリーヌ・ドヌーブが使用した部屋というのがあった。父親の友人一行がハロン湾に遊びに来て、このホテルに泊まった際、カトリーヌ・ドヌーブの間に陣取った。この一行のKさんは、この部屋のベッドやシャワーや浴槽はカトリーヌ・ドヌーブが使ったものと思い、これを使いながら恍惚なる快感に浸ったという。残念ながら、その後、この部屋は改装されており、シャワーやベッドや浴槽はカトリーヌ・ドヌーブの肌が触れたものではなく、その後に来たむくつけきフランス人のオヤジらが使用したものであるようであったが。

おわりに——ベトナムとの別れ

本来赴任後三年の二〇〇〇年の一二月の末で日本に帰国するはずであったが、後任の弁護士の赴任が四月になってしまう関係から、三月末まで、任期を延長した。二〇〇〇年の二月ころ、カレンダーを見ると、もう一ヶ月もすると日本に帰国して、もとの日本の弁護士生活に戻ることになっているが、そんな実感はまったく湧かない。二年目までは、遠巻きにして私のことを観察していたにすぎないベトナムの役人や学生や法律家は、私にすっかり慣れて、向こうから私にどんどんコンタクトをしてきて、協力を求めに来たし、当プロジェクトの法整備支援がうまく進行しているためか、ベトナムに調査にくる日本の学者や役人や、世界銀行やアジア開発銀行など欧米のドナーの人の訪問もひっきりなしにあり、ベトナムに進出した日本の企業の人たちからの法律相談もあったので、帰国のことを考えるひまもなかった。

ベトナム人は個人的に付き合うと誠に愛すべき人なのであるが、仕事の結果をきちんとまとめるということは苦手な人たちである。法整備プロジェクト三年間の第一期がすでに終了し、私も離任するので、ベトナム側に英文の社会調査等の報告書を提出させたところ、一ページに五つも六つも三単現のSがないというような単純ミスが連続し、内容に関しても、「自分達には理解できる」などといって、論理の飛躍を平気でやったり、説明不足なものしか出してこないので、報告書を五回、六回とつき返してはまた直させるということを離任の直前までやっていた。またプロジェクトで使用した日本法・ベトナム法の英訳資料の英文チェックを現地のオーストラリア系のローファーム依頼したのに、英文チェックと称して、日本法を知らないため内容まで勝手に変更してしまうということがたびたび生じたため、離任直前までここのオ

ロック大臣主催の送別会

ーストラリア系ローファームのローヤーたちを呼び出して半ば脅迫して、仕事をさせないといけなかった。私は社会調査に参加し、現地セミナーにもすべて張り付いて内容を知っているので、プロジェクト資料の内容が間違っているのか、英訳ないし越訳が間違っているのかを判断できるが、現地に居なかった後任者には、セミナー資料に誤りがあったときに、セミナーの講師が間違って書いたり、話したりしたのか、英訳・越訳が間違っているのか、判断できないので、このような仕事をするのは困難であろう。よって、私の離任前に後任者に引き継げない種類の仕事を何としても終わらせようとしていたので、離任前の三ヶ月は、毎日息をつくひまもないほど忙しい日が続いていた。

ベトナムとの別れが、実感されるようになったのは、離任最後の月の三月になって、ベトナム人や日本の人たちから、送別会をやってもらうようになってからのことである。ベトナム司法省は、私の送別のために、日本大使館の高橋公使やＪＩＣＡの地曳所長を交えた、ロック大臣主催の送別会を開催してくれたが、ＪＩＣ

Aの地曳所長によると、大臣にじきじきに送別会をやってもらった専門家は初めて見たという。

当初、週に二度しか来てはいけないといっていた司法省であるが、赴任二年経過後から、ロック司法大臣が日本政府の調査団の面前で、長期専門家の活動を評価するといってくれたし、共産党の内政委員会の委員長も、同趣旨の発言をしてくれた。ロック司法大臣は、送別会で、「始めにはいろいろあったが、何事も始めは難しい」とベトナム人らしいうまい言葉で慰労してくれた。ロック大臣のこの言葉を聞いて、私のJICAの法整備支援の長期専門家としての任務は無事終わったという気がして、ほっとした。

面白かったのは、ベトナム人の送別の仕方である。ベトナム人は、義理堅い民族であると思うが、送別の際には、この義理堅さがひときわにじみ出る。離任前で忙しいので、軽くお別れの挨拶にと思ってベトナム人に声をかけると、決まって、その後に濃厚な送別会を開いてくれた。まずは、職場の人を交えての送別会、その後は、家族を交えての送別会である。業務上のカウンターパートである司法省関係者は当然として、ハノイ大学の法学部の副学部長のザオさんや商務省のフンさんなど、日頃、家族ぐるみで付き合っていた人たちとは、このように三回送別会をやらないとベトナム側が納得しなかった。このあたり、家族に重きを置く、ベトナム人の特性をあらわすもので、家族といっても、夫婦と子供に限らず、甥姪を含む二〇人くらいの大家族をぞろぞろ連れて、ホテルのレストランの一室をリザーブして、一族みんなで別れを惜しんでくれるのであった（送別会で初めて会う人も多かった）。腐敗して非効率な官僚制度に怒り散らしながら、こんなところには二度と来るかと悪態をついてベトナムを去ってゆく日本人ビジネスマンも多いが、このようなところは、ベトナム人の憎みきれないところである。

三年三ヶ月の間、かなり遠慮のないことをベトナム人に言ってきた私であるが、いざ送別となると、とてもセンチメンタルな気分になってしまった。

送別会　ハノイ大学法学部、ザオ副学部長一家と

では、ベトナムに永住したいかと言われると、そうは思わない。ベトナムで三年も仕事をすれば、ベトナムの負の側面も十分思い知らされるのであるが、それでも私は、ベトナムという国もベトナム人も大好きである。

しかし、今のベトナムに軸足をおいてここで生活をする気はしない。何がいやというと、残念ながら、先進国と違って、法を守っては、生存しがたいというところが永住したくない一番の理由である。例えば、ベトナムでは、所得税は非現実的に高い（ベトナム人の場合、月収一〇〇〇万ドン（一米ドル一万四五〇〇ドンとして約六八九米ドル）以上は最高税率六〇パーセント、外国人の場合、月収約一〇〇万円以上は、最高税率五〇パーセント）ため、まともに税金を支払っていたのでは、生存してゆけないし、公務員は、給与が少ないため、手数料という名の賄賂をとらないと生きてゆけない。このように、誰もが人間として生きてゆくために、法に違反をしている。よって、いざとなれば、誰もが脱税や贈収賄などの法律違反をとがめられる状況にあるため、警察、税関、税務署、人民委員会などの権力行政の腐敗や権力の乱用を徹底的に追及することができない構造がある。ここが、先進国との決定的な違いであり、先進国の市民社会に生まれ育ったものが、ベトナムに長期に住むと、もっとも絶えがたいと感じるところである。私は、ＪＩＣＡの専門家として、個人所得税の免税その他の特権付きで滞在したので、税務署や公安とのいやなお付き合いをしないで済んだが、日系企業の駐在員が、非現実的に高い個人所得税の支払いに関して苦労をしているのを見ると、残念ながら、少なくとも現状のベトナムに軸足を置いて生活する気にはなれない。

現地には、ベトナム人の女性と結婚して、日本料理店を開くなどして、立派に現地に根付いて商売を行っている人もいるが、この場合は、ベトナム人の奥さんの名義で、まったく合法に飲食店などの営業も出来、土地使用権や建物の権利も取得できるので、夫婦円満である限り、外国人がベトナムで商売をして生活してゆく際の不便は回避できようが、私のように日本人女性と結婚したものは、日本または先進国に軸足を置いておいて、ベトナムとお付き合いした方が幸せであると思う。

一九九〇年代の当初、ベトナム投資ブームの頃、自称、ベトナムの高官と強いコネを持ち、ベトナムの裏事情に通じた投資コンサルタントというタイプの人たちが、現地合弁企業の役員になってベトナムに移り住み、ベトナムに進出しようとする日本企業のコンサルティング業務を行っていた。このような人たちは、ベトナム人にしか買えないはずの、ベトナムの土地や建物を、ベトナム人の名義を借りて外国人に売るというようなベトナムでは違法とされるビジネスや、当時は、なかなか得にくく、時間もかかった外国企業の投資許可手続きをスムーズにするという類の仕事に従事していたために、尋常でないストレスが負荷されたのか、心臓病や、糖尿病といった持病を悪化させ、二一世紀を迎えることなくして、天国（ないしは地獄。こちらの可能性のほうが高そうである）に旅立った人が多い。もっとも、この類の人は、愛人である若きベトナム美女の腕に抱かれて、身罷った人が多いと聞くので、太く短くベトナムの地で花と散

送別会　商務省のフンさん一家と

司法次官宅で

ったこの人々は、日本の病院でチューブに繋がれて死ぬよりも、男としては幸せであったかもしれない。

しかし、私は、一応、平均余命からいくと、あと四〇年くらいは生きられるはずであるので、現状のベトナムとは、細く、長くお付き合いしたいと思っている。

ベトナム人は、一般に数学も語学も得意で、勤勉であり、識字率も他のアジア諸国と比べ格段に高いので、近い将来急速に発展するのは間違いない。ベトナムには勤労自体が貴く、より良いものをより安く生産することが、社会に貢献することであるという資本主義の精神もないわけではないので、市場経済の発展も期待できる。海外駐在の経験豊かなあるベトナムの日本企業の人は、平均的に見て、ベトナムのエンジニアーは、インドネシアのエンジニアーの二人分働くといった。世代交代により人々の意識が変わり、市場経済が進展すれば、中産層が多くてその教育程度も高いベトナムの経済成長は、貧富の差が激しいタイやインドネシアやフィリッピンなどすぐに追い越し、今のマレーシアのレベルまでには、すぐに発展するであろう。うまくいけば、一五年後から二〇年後には今の韓国に迫るレベルにまで達するかもしれない。

私たちのベトナム法整備支援のプロジェクトが推進している民法を中心とした市場経済法の整備は、市場経済の発展の一つの条件に過ぎない。市場経済システムは、生産性という意味では、計画経済体制よりも優れているが、貧富の差の縮小、生活者・消費者の保護という観点からは、必ずしも社会主義的な社会体制よりいいとはいえないし、また周期的に土地や株のバブルが生じて、そのたびに社会混乱が生ずるという欠点もある。

ベトナムにおいて民法等市場経済関係法が整備されて、市場経済化が進むと、フランス民法をモデルとした北部・中部・南部それぞれ三つの民法を持っていたフランス植民地時代に生じたように、庶民が土地・家屋を抵当や質にいれて高利貸しから借金をし、これを高利貸しに取られて、庶民が困窮化し、貧富

帰国後2000年３月ハノイの司法省で行われた
民法改正支援部会のセミナーにて

の差が拡大するということが進むかもしれないし、土地使用権を担保にして土地の値上がりを期待して過剰融資をすれば、庶民はいまのように自己資金で自宅を購入することができなくなり、日本のような土地バブルの加熱とその崩壊による経済危機の原因になるかもしれない。

日本が一〇〇年間試行錯誤を繰り返してきた正負の経験を、ベトナム人がよく研究し、いわゆる後発者の利益として賢く利用することを願ってやまない。ベトナムの人口は大都市に集中しており、金融が地価に強度に依存しがちであるという点で、ベトナムと日本とは社会状況が類似しているので、日本の民事、商事、経済法は、ベトナムの人たちが深く研究するに値すると思う。私が三年三ヶ月の間現地で切り回してきたＪＩＣＡによるベトナム法整備支援が、より多くのベトナム人の幸せのために少しでも貢献できれば幸いである。

今では、ベトナム法整備支援プロジェクトは、第二期に入り、日本弁護士連合会の国際交流委員会が推薦した弁護士、法務省から派遣された検事、アメリカの弁護士資格を持つＪＩＣＡの職員の三名が、長期専門家としてベトナムに赴任し、最高裁判所事務総局から判事補が、現地の裁判官養成機関の調査に入るという大型のプロジェクトに育っていった。

また、司法省の元同僚達のうち五人が、名古屋大学法学部の大学院に留学しており、修士号や博士号を取るために日本法を研究している。

私は、帰国後、日本弁護士連合会の国際交流委員会の幹事となり、森島昭夫教授を長とし、明治大学の新美育文教授、早稲田大学の内田勝一教授、学習院大学の野村豊弘教授、一橋大学の松本恒雄教授、立教大学の角紀代恵教授、中央大学の佐藤恵太教授、早稲田大学の秋山靖浩講師等、日本の民事法学者を中心に構成されるＪＩＣＡによるベトナム民法の改正支援部会のメンバーにもなり、帰国一年間の間に三度ベトナムを訪れ、民法の施行状況の現地調査を行い、民法改正をテーマとする現地セミナーに出席して、現行民法における改正すべき点を指摘してきた。今後も、私が貢献できる限り、ベトナム法整備に協力しつづけたいと思う。

著者紹介

武藤司郎（むとう しろう）

1964年（昭和39年）名古屋市生まれ。早稲田大学法学部卒業。名古屋で弁護士登録の後、1996年12月末から2000年3月末まで、JICAによるベトナム法整備支援の長期専門家として、ベトナムのハノイに駐在する。帰国後、東京弁護士会に登録。藤井・武藤法律事務所所属。日本弁護士連合会国際交流委員会幹事。

ベトナム司法省駐在体験記

2002年3月20日　初版第1刷発行

著者

武藤司郎

発行者

袖 山 貴＝村岡侖衛

発行所

信山社出版株式会社

〒113-0033　東京都文京区本郷6-2-9-102
TEL03-3818-1019［営業］03-3818-1099［編集］
FAX03-3818-0344［営業］03-3818-1411［編集］

印刷・製本　図書印刷株式会社

ISBN4-7972-5272-3-C3032